水經卷第七

漢桑欽撰　　後魏酈道元注

濟水一

濟水出河東垣縣東王屋山爲沇水

山海經曰聯水出焉西北流注于秦澤郭景純云聯沇聲相近即沇水也潛行地下至共山南復出于東丘今原城東北有東丘城孔安國曰泉源爲沇流去爲濟春秋說題辭曰濟齊也齊度也貞也風俗通曰濟出常山房子縣贊皇山廟在東郡臨邑縣濟齊其度量也余案二濟同名也所出不同鄉源亦別斯乃應氏之非矣今濟水重源出溫西北平地水有二源東源出原城城東北昔晉文公

伐原以信而原降即此城也俗以濟水重源所發因復謂之濟源城其水南逕其城東故縣之原鄉杜預曰沇水縣西北有原城者也是南流與西源合而源出原城西東流水注之水出西南東北流注于濟濟水又東逕原城南東合北水亂流東南注分爲二水一水東南流俗謂之爲衍水即流水也衍沇聲相近傳呼失實也濟水又東南逕郄城北而出於溫矣其一水枝津南流注于溴水出原城西北原山勳掌谷俗謂之爲白澗水南逕原城西春秋會于溴梁謂是水之墳梁也爾雅曰梁莫大於溴梁梁水堤也溴水又東南逕陽城東與南源合水出陽城南溪陽亦樊也一曰陽矣國語曰

王以陽樊賜晉陽人不服文公圍之倉葛曰陽夏
商之嗣典樊仲之官守焉君而殘之無乃不可乎
公乃出陽人春秋樊氏叛惡王使虢公伐樊執仲
皮歸于京師即此城也其水東北流與漫流水合
水出軹關南東北流又北注于漫謂之漫流口湨
水又東合北水亂流東南左會濟水枝渠湨水又
東逕鍾繇塢北世謂之鍾公壘又東南塗溝水注
之水出軹縣西南山下北流東轉入軹縣故城中
又屈而北流出軹郭漢武帝元年封薄昭爲侯國
也又東北流注于湨湨水又東北逕波縣故城北
漢高帝封公上不害爲侯國湨水又東南流天漿
水澗水注之水出軹南𡶏向城北在睪上俗謂之

韓王城非也京相璠曰或云今河內軹西有地名
向今無杜元凱春秋釋地亦言是矣葢相襲之向
故不得以地名而無城也闞駰十三州志曰軹縣
南山西曲有故向城即周向國也傳曰向姜不安
于莒而歸者矣汲郡竹書紀年曰鄭侯使韓辰歸
晉陽向二月城陽向更名陽爲河雍向爲高平即
是城也其水有二原俱導各出一溪東北流合爲
一川名曰天漿溪又東北逕一故城俗謂之冶城
亦曰冶水又東流注于湨湨水又東南流右會同
水水出南源下東北流逕白騎塢南塢在原上爲
二溪之會北帶深隍三面阻嶮唯西被築而已東
北流逕安國城西又東北注湨湨水東南逕安

國城東又南逕無辟邑西世謂之無比城亦曰馬髀城皆非也朝廷以居廢太子謂之河陽庶人也湨水又南注於河也

又東至温縣西北爲濟水又東過其縣北

濟水於温城西北與故瀆分南逕温縣故城西周畿内國司寇蘇忿生之邑也春秋僖公十年狄滅温温子奔衛周襄王以賜晉文公濟水南歷虢公臺西皇覽曰温城南有虢公臺基趾尚存濟水南流注于河郭緣生述征記曰濟河内温縣注于河蓋公歷之實證非爲謬說也濟水故瀆於温城西北東南出逕温城北又東逕虢公冢北皇覽曰虢公冢堆温縣郭東濟水南大冢是也濟水當王莽

之世川瀆枯竭其後水流逕通津渠勢改尋梁脉水不與昔同

屈從縣東南流過墳城西又南當鞏縣北南入于河

濟水故瀆東南合奉溝水水上承朱溝於野王城西東南逕陽鄉城北又東南流逕陽鄉城北又東南逕李城西秦攻趙邯鄲且降傳舍吏子李同說平原君勝八家財饗士得敢死者三千人李同與赴秦軍秦軍退李同死封其父爲李侯故徐廣曰河内平皐縣有李城即此城也於城西南爲陂水淹地百許頃蘩葭萑葦生焉號曰李陂又逕墳城西屈而東北流逕其城北又東逕平皐城南應劭曰邢侯自襄國徙此當齊桓公時衛人伐邢邢遷

于夷儀其地屬者號曰邢丘以其在河之臯處勢平夷故曰平臯瓚注漢書云春秋狄人伐邢邢遷夷儀不至此今襄國西有夷儀城去襄國一百餘里平臯是邢丘非國也余案春秋宣公六年赤狄伐晉圍邢丘者晉侯送女於楚送之邢丘即是此處也非無城之言竹書紀年曰梁惠成王三年鄭城邢丘司馬彪後漢郡國志云縣有邢丘故邢國周公子所封矣漢高帝六年封碭郡長項他為侯國賜姓劉氏武帝以為縣其水又南注于河也

與河合流又東過成臯縣北又東過滎陽縣北又東至北礫磎南東出過滎陽北

釋名曰濟濟也源出河北濟河而南也晉地道志

曰濟自大伾入河與河水鬬南泆為滎澤尚書曰滎波既豬孔安國曰滎波水以成瀦闞駰曰滎波嶓澤名也故吕忱云嶓水在滎陽也謂是水也昔大禹塞其淫水而於滎陽下引河東南以通淮泗濟水分河東南流漢明帝之世司徒伏恭薦樂浪人王景字仲通好學多藝善能治水顯宗詔與謁者王吳始作浚儀渠吳用景法水乃不害此即景作所修故瀆也渠流東注浚儀故復謂之浚儀渠也明帝永平十五年東巡至無鹽帝嘉景功拜河隄謁者漢靈帝建寧四年於敖城西北壘石為門以遏渠口謂之石門故世亦謂之石門水門廣十餘丈西去河三里石銘云建寧四年十一月黄場

石也而主吏姓名磨滅不可復識魏太和中又更修之撤故增新石字淪落無復在者水北有石門亭戴延之所云新築城周城三百步滎陽太守所鎭者也水南帶三山郎皇室山亦謂之爲三室山也

濟水又東逕西廣武城北

郡國志滎陽縣有廣武城城在山上漢所城也高祖與項羽臨絶澗對語責羽十罪羽射漢祖中胷處也山下有水北流入濟世謂之柳泉也

濟水又東逕東廣武城北

楚項城之漢破曹咎羽還廣武爲高祖置太公其上曰漢不下吾烹之高祖不聽將害之項伯曰爲

天下者不顧家但益怨耳羽從之今名其壇曰項羽堆亦城之間有絶澗斷山謂之廣武澗項羽叱婁煩於其上婁煩精魄喪歸矣

濟水又東逕敖山北

詩所謂薄狩于敖者也其山上有城卽殷帝仲丁之所遷也皇甫謐帝王世紀曰仲丁自亳徙囂于河上者也或曰敖矣秦置倉於其中故亦曰敖倉城也

濟水又東合滎瀆

瀆水受河水有石門謂之爲滎口石門也而地形殊卑蓋故滎播所道自此始也門南際河有故碑云惟陽嘉三年二月丁丑使河堤謁者王誨疏達

河川述荒廢土云大河衝塞侵齧金堤以竹籠石
葺葦土而爲遏壞隤無已功消億萬請以濱河郡
徒疏山采石壘以爲鄣功業旣就徭役用息未詳
詔書許誨立功府卿規基經始詔滎加命遷在沇
州乃簡朱軒授使司馬登令纘茂前緒稱遂休功
登以伊洛合注大河南則緣山東過大伾回流北
岸其勢鬱懞濤怒湍急激疾一有決溢彌原淹野
蟻孔之變害起不測蓋自姬氏之所常蹙昔崇鯀
所不能治我二宗之所劬勞於是乃跋涉躬親經
之營之比率百姓議之于臣伐石三谷水匠致治
立激岸側以捍鴻波隨時慶賜說以勸之川無滯
越水土通演役未踰年而功程有畢斯乃元勳之

嘉課上德之弘表也昔禹脩九道書錄其功后稷
躬稼詩列于雅夫不憚勞謙之勤夙興厥職充國
惠民亦得湮沒而不章焉故遂刊石記功垂示于
後其辭云云使河堤謁者山陽東昏司馬登字伯
志伐東萊典城王誨字孟堅河內太守守城向豺
字伯尹丞汝南鄧方字德山懷令劉丞字季意河
堤掾匠等造陳留浚儀邊韶字孝先頌石銘歲遠
字多淪缺其所滅蓋闕如也滎瀆又東南流注于
浦今無水次東得宿須水口水受大河渠側有扈
城水自亭東南流注于濟水今無水宿須在河之
北不在此也蓋名同耳自西緣帶山隰秦漢以來
亦有通否濟水與河渾濤東注晉太和中桓溫北

伐將通之不果而還義熙十三年劉公西征又命寧朔將軍劉遵考仍此渠而漕之始有激湍東注而終山崩壅塞劉公於北十里更鑿故渠通之合則南瀆通津川澗是導耳濟水於此又兼邲目春秋宣公十三年晉楚之戰楚軍于邲即是水也昔卞京相璠曰在敖北

濟水又東逕滎陽縣北

曹太祖與徐榮戰不利曹洪授馬於此處也

濟水又東南礫石溪水注之

水出滎陽城西南李澤澤中有水即古馮池也地理志曰滎陽縣馮池在西南是也東北流歷敖山南春秋晉楚之戰設伏于敖前謂是也逕虢亭北

池水又東北逕滎陽縣北斷山東北注于濟世謂之礫石澗即經所謂礫溪矣經云濟出其南非也

濟水又東索水注之

水出京縣西南嵩渚山與東關分水即古旃水也其水東北流器難之水注之山海經曰少陘之山器難之水出焉而北流注于侵即此水也其水北流逕金亭又北逕京縣故城西入于旃然之水城故鄭邑也莊公以居弟段號京城大叔祭仲曰京城過百雉國之害也城北有壇山罡趙世家成侯二十年魏獻滎陽因以爲壇臺罡也其水亂流北逕小索亭西京相璠曰京有小索亭世語以爲本索氏兄弟居此故號小索者也又爲索水索水又

北逕大柵城東晉滎陽民張卓董邁等遭荒鳩聚流離堡固名爲大柵塢至太平眞君年潁州刺史崔白自虎牢移州治此又東開廣舊城創制改築焉太和十七年遷都洛邑省州置郡索水又屈而西流與梧桐澗水合水西南梧桐谷東北流注于索斯水亦時有通塞而不常流也索水又北屈東逕大索城南春秋傳曰鄭子皮勞叔向於索水即此城也晉地道志所謂京有大索小索亭漢書京索之間也索水又東逕號亭南應劭曰滎陽故號之國也今號公是故馬淵郡國志曰縣有號亭俗謂之平咷城城內有大冢名管叔冢或亦謂之爲號咷城非也蓋號號字相類字轉失實也風俗通

曰俗說高祖與項羽戰於京索遁於薄中羽追求之時鳩止鳴其上追之者以爲必無人遂得脫及即位異此鳩故作鳩杖以扶老案廣志楚鳩一名嗶啁號咷之名蓋因鳩以起目馬所未詳也索水又東北流湏水古入馬水近出京城東北二里榆子溝亦曰桊榆溝也又亦或謂之爲小索水東北流木蓼溝水注之水上承京城南淵世謂之車輪淵淵水東北流謂之木蓼溝又東北入于湏水湏水又東北流於滎陽城西南北注索索水又東逕滎陽縣故城南漢王之困滎陽也紀信曰臣詐降楚王宜間出信乃乘王車出東門稱漢降楚楚軍稱萬歲震動天地王與數十騎出西門免得楚圍

羽見信大怒遂烹之信冢在城西北三里故蔡伯
喈述征賦曰過漢祖之所隘弔紀信於滎陽其城
跨倚崗原居山之陽王莽立爲新隊備周六隊之
制魏正始三年歲在甲子被癸丑詔書割河南郡
鞏縣自關以東創建滎陽郡并戶二萬五千以南
鄉築陽城鄉亭侯李勝字公照爲郡守顧原武典
農校尉政有遺惠民爲立祠於城北五里號曰李
君祠廟前有石蹠蹠上有石的石的銘具存其略
云百族欣戴咸推厥誠今猶祀禱焉索水又東逕
周苛冢北漢祖之出滎陽也令御史大夫周苛守
之項羽拔滎陽獲苛曰吾以公爲上將軍封三萬
戶侯能盡節乎苛瞋目駡羽羽怒烹之索水又東

流北屈西轉北逕滎陽城東而北流注濟水杜預
曰旃然水出滎陽成皋縣東入汴春秋襄公十八
年楚伐鄭石師涉潁次于旃然即是水也濟渠水
斷汴溝唯承此始故云吸受旃然矣亦謂之鴻溝
水蓋因漢楚分王指水爲斷故也郡國志曰滎陽
有鴻溝水是也蓋因城地而變名爲川流之異目
濟水又東逕滎陽澤北故滎水所都也京相璠曰
滎澤在滎陽縣東南與濟隧合濟隧上承河水於
卷縣北河南逕卷縣故城東又南逕衡雍城西春
秋左傳襄公十一年諸侯伐鄭西濟於濟隧杜預
闕其地而名之水也京相璠曰鄭地也言濟水滎
澤中北流至恒雍西與出河之濟會南去新鄭百

里斯蓋滎播河濟往復逕通矣出河之濟即陰溝之上源也濟隧絕焉故世亦或謂其故道爲十字溝自于岑造入激堤於河陰水脉徑斷故瀆難尋又南會于滎澤然水既斷民謂其處爲滎澤春秋衛侯及翟人戰於滎澤而屠懿公弘演報命納肝處也有垂隴城濟瀆出其北春秋文公三年晉士縠盟于垂隴者也京相璠曰垂隴鄭地今滎陽東二十里有故隴城即此是也世謂之都尉城蓋滎陽典農都尉治故變垂隴之名矣澤際又有沙城城左佩濟瀆竹書紀年梁惠成王九年王會鄭釐侯于巫沙者濟際有故城世謂水城非也史記秦昭王四十二年魏冉攻魏走芒夘入北宅即故宅

陽城也竹書紀年曰惠王十三年王及鄭釐侯盟于巫沙以釋宅陽之圍歸釐于鄭者也竹書紀年晉出公六年濟鄭伐衛苟瑤城宅陽俗言水城非矣濟水自澤東出即是始矣王隱曰河決爲滎濟水受焉故有濟堤矣爲北濟也濟水又東南逕釐城東春秋經書公會鄭伯于時來左傳所謂釐也京相璠曰今滎陽縣東四十里有故釐城也濟水又合黃水黃水發源京縣黃淮上東南流名祝龍泉泉勢沸涌狀巨鼎湯湯西南流謂之龍項口世謂之京水也又屈而北注魚子溝水入焉水出石暗澗東北流又北與濕溼水合水出西溪東流水上有連理樹其柞櫟也南北對生夌空交合溪水

歷三樹之間東注注于魚水魚水又屈而西北注黃水黃水又北逕高陽亭東又北至故市縣重泉水流之水出京城西南小陸山東北流又北流逕高陽亭西東北流注于黃水又東北逕固市縣故城南溪高帝六年封閻澤毋赤爲侯國屬縣也黃水又東北至滎澤南分爲二水一水北入滎澤下爲船塘俗謂之郟城陂東西四十里南北二十里竹書穆天子傳曰甲寅天子浮于滎水乃奏廣樂是也一水東北流即黃雀溝矣穆天子傳曰壬寅天子東至于雀梁者也又東北與靖水枝津合二水之會爲黃泉北流注于濟水

又東過陽武縣北

濟水又東南流入陽武縣歷長城東南流蒗蕩渠出焉

濟水又東北流南濟也逕陽武縣故城南王莽更名之曰楊恒矣又東爲白馬淵淵東二里南北二百五十步泉流名爲白溝又東逕房城北穆天子傳曰天子里圃田之路東至于房疑即斯城也郭注云以爲趙郡房子也余謂穆王里鄭甫而郭以趙之房邑爲疆更爲非矣

濟水又東逕封丘縣南

又東逕大梁城北東大逕倉垣城又東逕小黃縣之故城北縣有黃亭說濟又謂之曰黃溝縣故陽武之東黃鄉也故水以名縣沛公起兵野戰喪皇

姚于黃鄉天下平定乃使使者梓宮招魂幽野於是丹旐自水濯洗入于梓宮其浴處有遺髮焉故謚曰昭靈夫人因作寢以寧神也

濟水又東逕東昏縣故城北

武陽縣之戶牖鄉矣漢丞相陳平家焉平少爲社宰以善均肉稱今民祠其社平有功於高祖封戶牖侯是後置東昏縣也王莽改曰東明矣

濟水又東逕濟陽縣故城南

故武父城也城在濟水之陽故以爲名王莽改之曰濟前者也光武生濟陽宮光明照室即其處也東觀漢記曰光武以建平元年生於濟陽縣是歲有嘉禾生一莖九穗大於凡禾縣界大熟因名曰

秀

又東過封丘縣北北濟也

自滎澤東逕滎陽卷縣之武修亭南春秋左傳成公十五年鄭子然盟于修澤者也鄭地矣杜預曰卷東有武脩亭

濟水又東逕原武縣故城南

春秋之原圃也穆天子傳曰祭父自圃鄭來謁天子夏庚午天子飲于洧上乃遣祭父如圃鄭是也王莽之原桓天濟瀆又東逕陽武縣故城北又東絕長城築也案竹書紀年梁惠成王十二年龍賈率師築長城于西邊自亥谷以南鄭所城矣竹書云是梁惠王十五年築也郡國志曰長城自卷逕

陽武到密者是矣
濟瀆又東逕酸棗縣之烏巢澤北
澤有故亭晉太康地記曰澤棗之東南昔曹太祖
納許攸之策破袁紹軍處也濟瀆又東逕封丘縣
南燕縣之延鄉也其在春秋為長丘焉應劭曰左
傳宋敗狄于長丘獲長狄緣斯是也漢高帝封翟
盱濮水出焉濟瀆又東逕大梁城之赤亭北而東
注
又東過平丘縣南北濟也
縣故衛地也春秋魯昭公十三年諸侯盟于平丘
是也縣有臨濟亭田儋死處也又有曲濟亭皆臨
側

濟水者又東過濟陽縣北濟也
自武父城北圈稱曰闞駰曰在縣西北鄭邑也東
逕濟陽縣故城北陳留風俗傳曰縣故宋地也竹
書紀年梁惠成王三十年城濟陽漢景帝中元六
年封梁孝王子明為濟川王應劭曰濟川今陳濟
陽縣是也
又東過冤朐縣南又東過定陶縣南南濟也
濟瀆自濟陽縣故城南東逕戎城北春秋隱公二
年公會戎于潛杜預曰陳留濟陽縣東南有戎城
是也
濟水又東北荷水東出焉
濟水又東北逕冤朐縣故城南呂后元年封楚元

王子劉執爲侯國王莽之濟平亭也

濟水又東逕秦相魏冉冢

冉秦宣太后弟也代客卿壽燭爲相封於穰益封于陶號曰穰侯富於王室范雎說秦秦王悟其擅權免相就封出關輜車千乘卒于陶而因葬焉世謂之安平陵墓南崩碑尚存

濟水又東北逕定陶恭王陵南

漢哀帝父也帝即位母丁太后建平二年崩上曰宜起陵于恭皇之園遂葬定陶貴震山東王莽秉政貶號丁姬開其槨戸火出炎四五丈吏卒以水沃滅乃得入燒燔槨中器物公卿遣子弟及諸生四夷十餘萬人操持作具助將作掘平共王母傳

太后墳及丁姬冢二旬皆平莽又周棘其處以爲世戒云時有群鷰數千銜土投于丁姬竁中今其墳冢巍然尚秀隅阿相承列郭數周面開重門南門内夾道有崩碑二所世尚謂之丁昭儀墓又謂之長陵陵蓋所毀者傳太后陵耳丁姬墳墓事與書違不甚過毀未必一如史說也瀆南魏郡治也世謂之左城亦名之曰葬城蓋恭王之陵寢也

濟水又東北逕定陶縣故城南

側城東注也縣故三鬷國也湯追桀伐三鬷即此周武王封弟叔振鐸之邑也故曹國漢宣帝甘露二年更濟陰爲定陶國王莽之濟平也戰國之世范蠡既雪會稽之耻乃變姓名寓之於陶爲朱公

以陶天下之中諸侯四通貨物之所交易也治産致千金富好行德子孫脩業遂致巨萬故言富者皆曰陶朱公也

又屈從縣東北流南濟也

又東北右合河水水瀆上承濟水於濟陽縣東世謂之五丈溝又東逕陶丘北地理志曰禹貢定陶西南有陶丘陶丘亭在南墨子以爲釜丘也竹書紀年魏襄王十九年薛侯來會王于釜丘者也尚書所謂導河水自陶丘北謂此也河水東北出於定陶縣北屈左合氾水氾水西分濟瀆東北逕濟陰郡南爾雅曰濟別爲濋呂忱曰水別復入爲氾廣異名也氾水又東合于河瀆昔漢祖既定天下

即帝位於定陶氾水之陽張晏曰氾水在濟陰界取其氾愛弘大而潤下也氾水名於是乎在矣氾水又東北逕定陶縣南又東北右合黄水枝渠渠上承黄溝東北合河而北注濟瀆也

水經卷第七

水經卷第八

漢桑欽撰　後魏酈道元注

濟水二

濟水又東至乘氏縣西分為二

春秋左傳僖公二十八年分曹地東傳於濟濟水自是北東流出巨澤其一水南流其一水從縣東北流入鉅野澤

南為菏水北為濟瀆

逕乘氏縣與濟渠濮溝合北濟自濟陽縣北東北逕煑棗城南郡國志曰寃朐縣有煑棗城即此也漢高祖十二年封革朱為侯國

北濟又東北逕寃朐縣故城北

又東北逕呂縣故城南王莽更名之曰祁都也又東北逕定陶縣故城北漢景帝以濟水出其北東注中元六年分梁於定陶置濟陰郡指為濟而定名也

又東北與濮水

上承濟水於封丘縣即地理志所謂濮渠水首濟者也闞駰曰首受別濟即北濟也其故瀆自濟東北流左迤為高梁陂方三里濮水又東逕匡城北孔子去衛適陳遇難於匡者也又東北左會別濮水受河於酸棗縣故杜預云濮水出酸棗縣首受河竹書紀年曰魏襄王十年十月大霖雨疾風河水溢酸棗郛漢世塞之故班固云大堙酸棗也今

無水其故瀆東北逕南北二柿城間左傳襄公五年楚子囊伐陳公會于城棣以救之者也濮渠又東北逕酸棗縣故城南韓國矣圈稱曰昔天子建國名都或以令名或以山林故豫章以樹氏都酸棗以棘名邦故曰酸棗也漢官儀曰舊河堤謁者居之城西有韓王望氣臺孫子荊故臺賦叙曰酸棗寺門外夾道左右有兩故臺訪之國老云韓王聽訟觀臺高一十五仞雖樓泯滅然廣基似於山嶽邵公大賢猶合甘棠區區小國而臺觀隆崇驕盈於世以鑒來今故作賦曰蕞丘陵之邐迤亞五嶽之嵯峨言壯觀也城北韓之市地也聶政為濮陽嚴仲子刺韓相俠累遂披面而死其姊哭之於此城內後有漢酸棗令劉孟陽碑濮水北稱成陂陂方五里號曰同池陂又東逕胙亭東注故胙國也富辰所謂邢茅胙祭周公之胤也濮渠又東北逕燕城內故南燕姞姓之國也有北燕故以南氏縣東為陽清湖陂南北五里東西三十里亦曰燕城湖逕桃城南即戰國策所謂酸棗虛桃者漢高帝十二年封劉襄為侯國而東注于濮俗謂之朝平溝渠又東北又與酸水故瀆會酸瀆首受河於酸棗縣東逕酸棗城北延津南謂之酸水竹書紀年曰秦蘇胡率師伐鄭韓襄敗秦蘇胡于酸水者也酸瀆水又東北逕燕城北又東逕滑臺城南又東南逕瓦亭南春秋定公八年公會晉師於瓦魯

尚執羔自是會始也又東南會于濮世謂之百尺溝濮渠之側有漆城竹書紀年梁惠成王十六年邯鄲伐衛取漆富丘城之者也或亦謂之濮宛亭春秋甯武子與衛人盟于宛濮杜預曰長垣西南近濮水也京相璠曰衛地也似非關宛而不知其所竹書紀年梁惠成王五年公子景賈率師伐鄭韓明戰于陽我師敗逋澤北壇陵亭亦或謂之大陵城非所究也又有桂城竹書紀年梁惠成王十七年齊田期伐我東鄙戰于桂陽我師敗逋亦曰桂陵案史記齊威王使田忌擊魏敗之桂陵齊於是疆自稱爲王以令天下濮渠又東逕蒲城北故衛之蒲邑孔子將之衛子路出於蒲者也韓子曰

魯以仲夏起長溝子路爲蒲宰以私粟饋衆孔子使子貢毀其器焉余案家語言仲由爲蒲宰脩溝瀆與之簞食瓢飲夫子令賜止之無魯字又入其境三稱其善身爲大夫終死衛難濮渠又東逕韋城南即白馬縣之韋鄉也史遷記曰夏伯豕韋之故國矣城西出而不方城中有六大井皆隧道下俗謂之江井也有馳道自城屬于長垣濮渠東絕東馳道逕長垣縣故城北衛地也故首垣矣秦更從今名王莽改爲長固縣陳留風俗傳曰縣有防垣故縣氏之孝安帝以建光元年封元舅來俊爲侯國縣有祭城濮渠逕其北鄭大夫祭仲之邑也杜預曰陳留長垣縣東北有祭城者也圈稱又言

長垣縣有羅亭故長羅縣也漢封後將軍常惠爲
侯國地理志曰王莽更長羅爲惠澤後漢省幷長
垣有長羅澤即吳季英牧猪處也又有長羅罡蘧
伯玉罡陳留風俗傳曰長垣縣有蘧伯鄉一名新
鄉有蘧亭伯玉祠伯玉塚曹大家東征賦曰到長
垣之境界兮察農野之居民覩蒲城之丘墟兮生
荊棘之蓁蓁蘧氏在城之東南兮民亦嚮其丘墳
唯令德之不朽兮身既没而名存昔吳季札聘上
國至衛觀典府賓亭父疇以衛多君子也濮渠又
東分爲二瀆北濮出焉濮渠又東逕湞城北衛詩
云思湞與曹也毛云湞衛邑矣鄭云自衛而東逕
邑故思濮渠又北逕襄丘亭南竹書紀年曰襄王

七年韓明率師伐襄丘十年楚庶章率師來會我
次于襄丘者也濮水東逕濮陽縣故城南昔師延
爲紂作靡靡之樂武王伐紂師延東走自投濮水
而死矣後衛靈公將之晉而設舍於濮水之上夜
聞新聲召師涓受之於是水也濮水又東逕沛陰
離狐縣故城南王莽之所謂狐瑞也郡國志曰故
屬東郡濮水又東逕葭密縣故城北竹書紀年幽
公十三年魯季孫會晉文公於楚丘即葭密遂城
之濮水又東北逕鹿城南郡國志曰濟陰乘氏縣
有鹿城鄉春秋僖公二十一年盟于鹿上京杜並
謂此亭也濮水又東與句瀆首受濮水枝渠於句
陽縣東南逕句陽縣故城南春秋之穀丘也左傳

以爲勾瀆之丘矣縣處其陽故縣氏焉又東入乘
氏縣左會濮水與濟同入鉅野故地理志曰濮水
自濮陽南入鉅野亦經所謂濟水自乘氏縣兩分
東北入於鉅野也
濟水故瀆又北右合洪水
上承鉅野薛訓渚歷澤西北渚又北逕闞鄉城西
春秋桓公十有一年經書公會宋公于闞郡國志
曰東平陸有闞亭皇覽曰蚩尤冢在東郡壽張縣
闞鄉城中冢高七尺常十月祠之有赤氣出如絳
民名爲蚩尤旗十三州志曰壽張有蚩尤祠又北
濟瀆合自渚迄于北口一百二十里名曰洪水桓
溫以太和四年率衆北入掘渠通濟至義熙十三

年到武帝西入長安又廣其功自洪口已上又謂
之桓公瀆濟自是北注也春秋莊公十八年經書
夏公追戎於濟西京相璠曰濟水自鉅野至濟北
是也
又東北過壽張縣西界安民亭南汶水從東北來注
之
濟水又北汶水注之戴延之所謂清口也郭緣生
述征記曰清河首受洪水北流濟或謂清則濟也
禹貢濟東北會于汶今枯渠注巨澤巨澤北則清
水清水與汶會也李欽曰汶水出太山萊蕪縣西
南入濟是也濟水又北逕梁山東袁宏北征賦曰
背梁山截汶波即此處也劉澄之引是山以證梁

父爲不近情矣山之西南有吕仲悌墓河東岸有石橋橋本當河河移故側岸也古老言此橋東海吕母起兵所造也山北三里有吕母宅宅東三里即濟水

濟水又北逕須朐城西

城臨側濟水故須國風姓也春秋僖公二十一年子魚曰任宿須朐顓臾風姓也實司太皥與有濟之祀杜預曰須朐在須昌縣西北非也地理志曰壽張縣西北有朐城者是也濟水西有安民亭亭北對安民山東臨濟水水東即無鹽縣界也山西有冀州刺史王紛碑漢中平四年立

濟水又逕微鄉東

春秋莊公二十八年經書冬築郿京相璠曰公羊傳謂之微在東平壽張縣西北三十里有故微鄉魯邑也杜預曰有微子冢濟水又北分爲二水其枝津西北出馬謂之馬頰水者也

又北過須昌縣西

京相璠曰須朐一國二城兩名蓋遷都須昌朐是其本秦以爲縣漢高帝十一年封趙衍爲侯國濟水於縣趙溝水注之

濟水又北逕漁山東左合馬頰水

水首受濟西北流歷安民山北又西流趙溝出焉東北注于濟馬頰水又逕桃城東春秋桓公十年經書公會衛侯于桃丘衛地也杜預曰濟北東阿

縣東南有桃即桃丘矣馬頰水又東北流逕山南山即吾山也漢武帝瓠子歌所謂吾山平者也山上有抑舒城魏東阿王曹子建每登之有終焉之志及其終也葬山西西去東阿城四十里其水又東注于清濟謂之馬頰口也

濟水自魚山北逕清亭東

春秋隱公四年公及宋公遇于清者也京相璠曰今濟北東阿東北四十里有故清亭即春秋所謂清者也是濟水通得清之目焉亦水色清深用兼厥稱矣是故燕王曰吾聞齊有清濟濟河以爲固即此水也

又北過穀城縣西

濟水側岸有尹卯壘南去漁山四十餘里是穀城縣界故春秋之小穀城也齊桓公以魯莊公二十三年城之邑管仲焉城内有夷吾井魏土地記曰縣有穀城山山出文石陽穀之地春秋齊侯宋公會于陽穀者也穀有黃山臺黃石公與張子房期處也又有狼水出東南大檻山狼溪西狼溪西北逕穀城西入北有西流泉出城東近山西北逕穀城北西注狼水以其流西故即名焉又西北入清水城西北三里有項王羽之冢半許毀壞石碣尚存題云項王之墓皇覽云冢去縣十五里謬也今彭城穀陽城西南又有項羽冢非也余按史遷記魯爲楚守漢王示羽首魯乃降遂以魯公禮葬羽

於穀城寧得言彼也

濟水又北逕周首亭西

春秋文公十有二年左丘明云襄公二年王子成父獲長狄僑如弟榮如埋其首於周首之北門即是邑也今世謂之盧子城濟北郡治也京相璠曰今濟北所治盧子城故齊周首邑也

又北過臨邑縣東

地理志曰縣有濟水祠也王莽之穀城亭也水有石門以石爲之故濟水之門也春秋隱公五年齊鄭會于石門鄭車償濟即於此也京相璠曰石門齊地今濟北盧縣故城西南六十里有故石門去水三百步蓋水瀆流移故側岸也

濟水又北逕平陰城西

春秋襄公十八年晉侯沉玉濟河會于魯濟尋湨渠之盟同伐齊齊侯禦諸平陰者也杜預曰城在盧縣故城東北非也京相璠曰平陰齊地也在濟北盧縣故城西南十里平陰城南有長城東至海西至濟河道所由名防門去平陰三里齊侯塹防門即此也其水引濟故瀆尚存今防門北有光里齊人言廣音與光同即春秋所謂守之廣里者也又云巫山在平陰東北昔齊侯登望晉軍畏衆而歸師曠邢伯聞烏烏之聲知齊師潛遁人物咸淪地理昭著賢於杜氏東北之證矣今巫山之上有石室世謂之孝子堂濟水有迤過爲湄湖方四十

餘里

濟水又東北至垣苗城西

故洛當城也伏韜北征記曰濟水又與清河合流至洛當者也宋武帝西征長安令桓遵鎮此故俗人有垣苗之稱河水自泗瀆口東北流而爲蒲魏土地記曰盟津河別流十里與清水合亂流而東逕各當城北黑白異流涇渭殊別而東南流注也

又東北過盧縣北

濟水東北與湄溝合水上承湄湖北流注濟爾雅曰水草交曰湄通谷者微犍爲舍人曰水草交合也郭景純曰微水邊通谷也釋名曰湄眉也臨水如眉臨目也

濟水又逕盧縣故城北

濟北郡治也漢和帝永元二年分泰山置蓋以濟水在北故也濟水又逕什城北城際水湄故邸閣也祝阿人孫什將家居之以避時難困謂之什城焉

濟水又東北與中川水合

水東南出山茌縣之分水嶺溪一源兩分泉流半解亦謂之分流交半水南出太山入汶半水出山茌縣西北流逕東太原郡南郡治山爐固北與漢賓谷水合水出南格馬山漢賓溪北逕盧縣故城北陳敦戍南西北流與中川合謂之格馬口其水又北逕盧縣故城東而北流入濟俗謂之爲沙溝

水

濟水又東北右會玉水

導源太山朗公谷舊名琨瑞溪有沙門竺僧朗少事佛圖澄碩學淵通尤明氣緯隱于此谷因謂之朗公谷故車頻秦書云符堅時沙門竺僧朗嘗從隱士張巨和遊巨和常穴居而朗居琨瑞山大起殿舍連樓疊閣雖素飾不同並以靜外致稱即此谷也水亦謂之琨瑞水也其水西北流逕玉符山又曰玉水又西北逕獵山東又西北枕祝阿縣故城東野井亭西春秋昭公二十五年經書齊侯唁公于野井是也春秋襄公十九年諸侯盟于祝阿左傳所謂督陽者也漢興改之曰阿矣漢高帝十一年封高色爲侯國王莽之安城者也故俗謂是水爲祝阿澗水北流注于濟建武五年耿弇東擊張步從朝陽橋濟渡兵即是處也

濟水又東北濼水出焉

濼水出歷縣故城西南泉源上舊水涌若輪春秋桓公十八年公會齊侯于濼是也俗謂之爲娥姜水也以泉源有舜妃娥英廟故也城南對山山上有舜祠山下有大穴謂之舜井抑亦茅山禹井之比矣書舜耕歷山亦云在此所未詳也其水北爲大明湖西即大明寺寺東北兩面側湖此水便成淨池也池上有客亭左右楸桐負日俯仰目對魚鳥極水木明瑟可謂濠梁之性物我無違矣湖水

引瀆東入西郭東至歷城西而側城北注湖水上承東城歷祀下泉源競發其水北流逕歷城東又北引水爲流杯池州僚賓燕公私多萃其上分爲二水右水北出左水西逕歷城北西北爲陂謂之歷水與濼水會自水枝津合水首受歷水於歷城東東北逕東城西而北出郭又北注濼水又北聽水出焉濼水又北流注于濟謂之濼口也

濟水又東北華不注山

單椒秀澤不連陵以自高虎牙桀立孤峯特拔以刺天青崖翠發望同點黛山下有華泉故京相璠曰春秋土地名也華泉華不注山下泉水也春秋左傳成公二年齊頃公與晉郤克戰于鞌齊師敗

績逐之三周華不注逢丑父與公易位將及華泉驂絓於木而止丑父使公下如華泉取飲齊侯以免韓厥獻丑父郤子將戮之呼曰自今無有代其君任患者有一於此將爲戮矣郤子曰人不難以死免其君我戮之不祥赦之以勸事君者乃免之即華水也北絶聽瀆二十里注于濟

又東北過臺縣北

巨合水南出雞山西北北逕巨合故城西耿弇之討張步也守巨里即此城也三面有城西有深坑坑西即弇所營也與費邑戰斬邑於此巨合水又北合關盧水關盧水導源馬耳山北逕博亭城西西北流至平陸城與武原水合水出譚城南平澤

中世謂之武原泉北逕譚城東俗謂之有城也又
北逕東平陵縣故城西故陵城也後乃加平譚國
也齊桓之出過譚譚不禮焉魯莊公九年即位又
不朝十年滅之城東門外有樂安任照先碑濟南
治也漢文帝十六年置爲王國景帝二年爲郡王
莽更名樂安郡其水又北逕巨合城東漢武帝以
封城陽頃王子劉發于爲侯國其水合關盧水而
出注巨合水西北逕臺縣故城南漢高帝六年封
東郡尉戴野爲侯國王莽之臺治也其水西北流
白野泉水注之水臺城西南白野泉北逕留山西
北流而右注巨合水又北聽水注之水上承濼水
東流北屈又東北流注于巨合水亂流又北入于
濟

濟水又東北合芹溝水
水出臺縣故城東南西北流逕臺城東又西北入
于濟水
又東北過管縣南
濟水東逕縣故城南漢景帝二年封齊悼惠王子
罷軍爲侯國右納百脉水百脉水出土鼓縣故城
西水源方百步百泉俱出故謂之百脉水其水西
北流逕楊丘縣故城中漢孝景帝四年以封齊悼
惠王子劉安爲楊丘侯世謂之章丘城非也城南
有女郎山山上有神祠俗爲之女郎祠左右民祀
焉其水西北出城北逕黃巾固盖賊所屯故固得

名焉百脉水又東北流注于濟濟水東又有楊渚
溝水於逢陵故城西南西北逕土鼓城東又西北
漳丘城東又北逕甯西而北流注于濟水也
又東過梁鄒縣北
隴水南出長城中北流至般陽縣故城西南與般
水會水出縣東南龍山俗亦謂之爲左阜水西北
逕其城南王莽之濟南亭也應劭曰縣在般水之
陽縣資名焉其水又南屈西入瀧水北逕其縣西
北流至萌水口萌水出西南甲山東北逕萌山西
東北入于瀧瀧水又西北至梁鄒東南與魚子溝
水合水南出長白山東抑泉口山即陳仲子夫妻
之所隱也孟子曰仲子齊國之世家兄戴祿萬鍾

仲子非而不食避兄離母家于於陵即此處也其
水又逕於陵縣故城西王莽之於陸也世祖建武
十五年更封則鄉侯侯霸爲侯國其水北流注于
瀧水瀧水即古袁水也故京相璠曰濟南梁鄒縣
有袁水者也瀧水又西北逕梁鄒縣故城南又北
屈逕其城西漢高祖六年封武虎爲侯國其水北
注濟其城之東北又有時水西北注焉
又東北過臨濟縣南
縣故狄邑也王莽更名利居漢記安帝永初二年
改從今名以臨濟故地理風俗記云石樂安太守
治晏謨齊記曰有南北二城隔濟南水城即被陽
縣之故城也北枕濟水地理志曰侯國也如淳曰

音滅罷軍之罷也史記建元以來王子侯者年表曰漢武帝元朔四年封齊孝王子敬侯劉燕之國也今勃海僑郡治

濟水又東北迤爲淵渚謂之平州

溼沃側有平安縣故城俗謂之會城非也案地理志千乘郡有平安縣侯國也王莽曰鴻睦也應劭曰博昌縣西南三十里有安平亭故縣也世尚存平州之名矣濟水又東北逕高昌縣故城西案地理志曰千乘郡有高昌縣漢宣帝地節四年封董忠爲侯國世謂之馬昌城非也

濟水又東北逕樂安縣故城南

伏琛齊記曰博昌城西北五十里有南北二城相

去三十里隔時濟二水指此爲博昌北城非也樂安與博昌薄姑分水俱同西北薄姑去齊城六十里樂安越水差遠驗非尤明班固曰千乘郡有樂安縣應劭曰取休令之名矣漢武帝元朔五年封李蔡爲侯國城西三里有任光等冢光是縣人不得爲博昌明矣濟水又經薄姑城北後漢郡國志曰博昌縣有薄姑城地理書曰呂尚封於齊郡薄姑薄姑故城在臨菑縣西北五十里近濟水史遷曰胡公徙薄姑城內有高臺春秋昭公二十二年齊景公飲于臺上曰古而不死何樂如之晏平仲對曰昔爽鳩氏始居之季萴因之有逢伯陵因之蒲姑氏又因之而後太公又因之臣以爲古若不

死爽鳩氏之樂非君之樂卽於是臺也濟水又東北逕狼牙固西而東北流也

又東北過利縣西

地理志曰齊郡有利縣王莽之利治也晏謨曰縣在濟城北五十里

又東北過甲下邑入于河

濟水東北至甲下邑南東歷琅槐縣故城北地理風俗記曰博昌東北八十里有琅槐鄉故縣也山海經曰濟水絕鉅野注勃海入濟琅槐東北者也又東北河水枝津注之水經以爲入河非也斯乃河水注濟非濟入河

又東北入海

郭景純曰濟自滎陽至樂安博昌入海今竭濟水仍流不絕經言入河二說並失然河水於濟漯之北別流注海今所輟流者惟漯水耳郭或以爲濟注之事實非也尋經脉水不如山經之爲密矣

其一水東流者過乘氏縣南

河水分濟於定陶東北東南右合黃溝枝流俗謂之界溝也北逕元氏縣故城西又北逕景山東衛詩所謂景山與京者也毛公曰景山大山也又北逕楚丘城西郡國志曰成武縣有楚丘亭杜預云楚丘在成武縣西南衛懿公爲狄所滅衛文公東徙渡河野處曹邑齊桓公城楚丘以遷之故春秋稱邢遷如歸衛國志云卽詩所謂升彼墟矣以望

楚矣望楚與堂景山與京故鄭玄言觀其傍邑及山川也又東北逕成武城西又東北逕郈城東疑郈徙也所未詳矣又東北逕梁山城西地理志曰昌邑縣有梁丘鄉春秋莊公三十二年宋人齊人會于梁丘者也杜預曰高平昌邑縣西南有梁丘鄉又東北於乘氏縣西而北注河水河水又東南逕乘氏縣故城南縣卽春秋之乘丘也故地理志風俗記曰濟陰乘氏縣故宋乘丘邑也漢孝景中五年封梁孝王子買爲侯國也地理志曰乘氏縣泗水東南至睢陵入淮郡國志曰乘氏有泗水此乃河濟也尚書有導河濟之誤自陶丘北東至於菏水無泗水之文又曰道菏澤被孟豬孟豬在睢陽縣之東北闞駰十三洲記曰不言入而言被者明不常入也水盛方乃覆被矣澤水淼漫俱鍾睢泗故誌有睢陵入淮之言以通苞泗名矣然諸水注泗者多不止此可以終歸泗水便得擅通稱也或更有泗水亦可是水之兼其目所未詳也

又東過昌邑縣北

菏水又東逕昌邑縣故城北地理志曰縣故梁也漢景帝中元六年分梁爲山陽國漢武帝天漢四年更爲昌邑國以封昌邑王賀賀廢國除以爲山陽郡王莽之鉅野郡也後更爲高平郡後漢沇州縣令王密懷金謁東萊太守楊震震不受是其慎四知處也大城東北有金城城內有沇州刺史河

東薛季像碑以郎中拜剡令甘露降園熹平四年
遷州明年甘露復降殿前樹從事馮巡主簿華操
等相與褒樹表勒棠政次西有沇州刺史茂陽楊
叔恭碑從事孫光等以建寧四年立西北有東太
山成人班孟堅碑建和十年尚書右丞拜沇州刺
史從事秦閩等刊石頌德政碑咸列焉

又東過金鄉縣南

郡國志曰山陽有金鄉縣河水逕其故城南世謂
之故縣城北有金鄉山也

又東過東緡縣北濟水又東逕漢平狄將軍扶溝侯
淮陽朱鮪冢

墓北有石廟濟水又東逕東緡縣故城北故宋地
春秋僖公二十三年齊侯伐宋圍緡十三州記曰
山陽有東緡縣鄒衍曰余登緡城以望宋都者也
後漢世祖建武十一年封馮異長子璋爲侯國也

又東過方與縣北爲菏水濟水東逕重鄉城南

左傳所謂臧文仲宿於重館者也河水又東逕武
棠亭北公羊以爲濟上邑也城有高臺二丈許其
下臨水昔魯侯觀魚於棠謂此也在方與縣故城
北十里經所謂菏水也水又東逕泥母亭北春秋
左傳僖公七年秋盟于甯母謀伐鄭也河水又東
與鉅野黃水合菏濟別名也黃水上承鉅澤諸陂
澤有濛澱育陂黃湖水東流謂之黃水又有薛訓
渚水自渚歷薛村前分爲二流一水東注黃水一

水西北入澤即洪水也黃水東南流水南有漢荆
州刺史李剛墓剛字叔毅山陽高車人熹平元年
卒見其碑有石闕祠堂石室三間椽架高丈餘鏤
石作椽瓦屋施平天造方井側荷梁柱四壁隱起
雕刻爲君臣官屬龜龍鳳之文飛禽走獸之像作
制工麗不甚傷毀黃水又東逕鉅野縣北何承天
曰鉅野湖澤廣大南通洙泗北連清濟舊縣故城
正在澤中故欲置戍於此城之所在則鉅野澤
也衍東北出爲大野矣昔西狩獲麟於是處也皇
覽曰山陽鉅澤縣有肩髀冢重聚大小與闞冢等
傳言蚩尤與黃帝戰尅之於涿鹿之野身體異處
故別葬焉黃水又東逕咸亭北春秋桓公七年經

書焚咸丘者也水南有金鄉縣之東界也金鄉數
山皆空中穴口謂之遂也戴延之西征記曰焦氏
山北數山有漢司隸校尉魯恭穿山得白蛇白兎
不葬更葬山南鑿而得金故曰金鄉山山形峻峭
冢前有石祠石廟四壁皆青石隱起自書契以來
忠臣孝子貞婦孔子及弟子七十二人形像像邊
皆刻石記之文字分明又有石床長八尺磨瑩鮮
明叩之聲聞遠近時太尉從事中郎傳珍之諮議
參軍周安穆折敗石床各取去爲魯氏之後所訟
二人並免官焦氏山東即金鄉山也有冢謂之秦
王陵山上二百步得冢口壍深十丈兩壁峻峭廣
二丈入行七十步得埏門門外左右皆有空可容

五六十人謂之白馬空埏門内二丈得外堂外堂之後又得内堂觀者皆執燭而行雖無他雕鏤然治石甚精或云是漢昌邑哀王冢所未詳也東南有范巨卿冢名件猶存巨卿名式山陽之金鄉人漢荆州刺史與汝南張劭長沙陳平子石交號爲死友矣黄水又東南逕任城郡之亢父縣故城西夏后氏之任國也漢靈帝光和元年别爲任城在北王莽之延就亭也縣有詩亭春秋之詩國也王莽更之曰順父矣地理志東平屬縣也世祖建武二年封劉隆爲侯國中其謂之桓公溝南至方與縣入于荷水菏水又東逕泰梁夾岸積石一旦高二丈言秦始皇東巡所造因以名焉

荷水又東過湖陸縣南東入於泗水

澤水所鍾也尚書曰浮于淮泗達于河是也東觀漢記曰蘇茂殺淮陽太守得其郡營廣樂大司馬吳漢圍茂茂將其精兵突至湖陵與劉永相會濟陰山陽濟兵於此處也

又東南過濟縣東北

濟與泗亂故沛納于稱矣東觀漢記安平侯盖延傳曰延爲虎牙大將軍與戰水軍反走溺水者半後與戰連破之遂平沛楚臨淮悉降延令沛脩高祖廟置嗇夫祝宰樂人因齋戒祠高廟也

又東南過留縣北

留縣故城翼佩泗濟宋邑也春秋左傳所謂侵宋

吕留也故繁休伯避地賦曰朝余發乎泗洲夕余宿于留鄉者也張良委身漢祖始自此矣終亦取封焉城内有張良廟也

又東過彭城縣北雎水從西來注之

濟水又南逕彭城縣之故城東北隅不東過也雎水自西注之城北枕水湄

濟水又南逕彭城縣故城東

不逕其縣北也盖經誤證

又東南過徐縣北

地理志曰臨淮郡漢武帝元狩五年置治徐縣王莽更之曰淮平縣曰徐調國也春秋昭公三十年吳子執鍾吾子遂伐徐防山以水之遂滅徐徐子

奔楚楚救徐弗及遂城夷以處之張華博物志録著作令史茅温所爲送劉成國徐州地理志曰徐偃王之異言徐君宫人娠而生卵以爲不祥棄之於水濵孤獨母有犬名曰鵠倉獵於水側得棄卵銜以來歸獨母以爲異覆煖之遂成兒生時偃故以爲名徐君宫中聞之乃更録取長而仁智襲君徐國後鵠倉臨死生角而九尾實黄龍也偃王昔之徐中今見有狗壟焉偃王治國仁義著聞欲舟行上國乃道溝陳蔡之間得朱弓矢以得天瑞遂因名爲號自稱徐偃王江淮諸侯服從者三十六國周王聞之遣使至楚令伐之偃王愛民不鬬遂爲楚敗北走彭城武原縣東山下百姓隨者萬數

因名其山爲徐山山上立石室廟有神靈民人請
禱焉依文卽事似有符驗但世代綿遠難以詳矣
今徐城外有徐君墓昔延陵季子解劒於此所謂
不違心許也

又東至下邳睢陵縣南入于淮

濟水與泗水澤涸東南流至角城同入淮經書睢
陵誤耳

水經卷第八

水經卷第九

漢桑欽撰　後魏酈道元注

清水　沁水　淇水

蕩水　洹水

清水出河内修武縣之北黑山

黑山在縣北白鹿山東清水所出也上承諸陂散泉積以成川南流西南屈瀑布乘巖縣河注壑二十餘丈雷扑之聲震動山谷左右壁層深獸跡不交隍中散水霧合視不見底南峯北嶺多結禪栖之士東巖西谷又是刹靈之圖竹栢之懐與神心妙遠仁智之性共山水効深更爲勝處也其水歷澗流飛清洞觀謂之清水矣溪曰瑶溪又曰瑶澗

水又南與小瑶水合水近出西溪北窮溪東南流注之清水清水又東南流吳澤陂水注之水上承吳陂於修武縣故城西北修武故甯也亦曰南陽矣馬季長曰晉地自朝歌以北至中山爲東陽朝歌以南至軹爲南陽故應劭地理風俗記云河内殷國也周名之爲南陽又曰晉始啓南陽今南陽城是也秦始皇改曰修武徐廣王隱並言始皇改瓚注漢書云案韓非書秦昭王越長平西伐修武時秦未兼天下修武之名久矣余案韓詩外傳言武王伐紂勒兵於甯更名甯曰修武矣魏獻子田大陸還卒於甯是也漢高帝八年封都尉魏遬爲侯國亦曰大修武有小故稱大小修武在東漢祖

與勝公濟自玉門津而宿小修武者也大陸即吳澤矣魏土地記曰修武城西北二十里有吳澤水陂南北二十許里東西三十里西則蔡溝入焉水有二源北水上承河內野王縣東北界溝爲長明溝分枝津東逕雍城南寒泉水注之水出雍城西北泉流南注逕雍城西春秋僖公二十四年王將以狄伐鄭富辰諫曰雍文之昭也京相璠曰今河內山陽西有故雍城又東南注長明溝溝水又東逕射犬城北漢大司馬張陽爲將楊醜所害睢固殺醜屯此欲北合袁紹典略曰睢固字白菟或戒固曰將軍字菟而此邑名犬菟見犬其勢必驚宜急去菟不從漢興平四年魏太祖斬之於此以魏种爲河內太守守之袞州叛太祖曰唯种不棄孤及走太祖怒曰种不南走越北走胡不置汝也射犬平禽之公曰難其才也釋而用之故長明溝水東入石澗東流蔡溝水入焉水上承州縣北白馬溝東分爲之蔡溝東會長明灌水又東逕修武縣之具亭北東入吳陂又次北有荀泉水入焉水出山陽縣故修武城西南同源分派裂爲二水南爲荀泉北則吳瀆二瀆雙導俱東入陂山陽縣東北二十五里有陸眞阜南有皇毋馬鳴二泉東南合注于吳陂也次陸眞阜之東北得覆釜堆堆南有三泉相去四五里參差合次南注于陂泉在濁鹿城西建安二十五年魏封漢獻帝爲山陽公濁

深丈餘更無所出世謂之天門也東五百餘步中
有石穴西向裁得容人平得東南入徑至天井直
上三匹有餘板躡而昇至上東平西二百步南北
七百步四面嶮絶無由昇陟矣上有比丘釋僧訓
精舍寺十有餘僧給養難周多出下平有志者居
之寺左右雜對跡挺有一石泉方丈餘清水湛然
常無增減山居者資以給飲北有石室二口舊是
隱者念一之所今無人矣泉發於北阜南流成溝
也世謂焦泉也次東得魚鮑泉次東得張波泉次
東得三淵泉梗河參連女宿相屬是四川在重門
城西並單川南注也重門城昔齊王芳爲司馬師
廢之宮於此即魏志所謂送齊王于河內重門者

也城在共縣故城西北二十里城南有安陽陂次
東又得卓水陂穴東有北門陂陂方五百步在共
縣故城西漢高帝八年封旅罷師爲共嚴侯國即
共和之故國也共伯既歸帝政逍遥于共山之上
山在國北所謂共北山也仙者孫登之所處袁彦
伯竹林七賢傳嵇叔夜嘗採藥山澤遇之於山冬
以被髮自覆夏則編草爲裳彈一絃琴而五聲和
其水三川南合謂之清川又南逕凡城東司馬彪
袁崧郡國志曰共縣有汎亭詩凡伯國春秋隱公
七年經書王使凡伯來聘是也杜預曰汲郡共縣
東南有凡城今在西南其水又西南與前四水總
爲一瀆又謂之陶水南流注于清水清水又東周

新豐塢又東注也
東北過獲嘉縣北
漢書稱越相呂嘉及武帝元鼎六年巡行於汲郡中鄉得呂嘉首因以爲獲嘉縣後漢封侍中馮石爲侯國縣故城西有漢桂陽太守趙越墓冢北有碑越字彥善縣人也累遷桂陽郡五官將尚書僕射遭憂服闋守河南尹建寧中卒碑東又有一碑碑北有石柱石牛羊虎俱碎淪毀莫記清水又東周新樂城城在獲嘉縣故城東北即汲水新鄉也
又東過汲縣北
縣故汲郡治晉太康中立城西北有石夾水飛湍濬急也人亦謂之磻溪言太公常釣於此也城東

門北側有太公廟廟前有碑碑云太公望君河內汲人也縣民故會稽太守杜宣白令崔瑗曰太公甫生於汲舊居猶存君與高國同宗太公載在經傳令臨此國宜正其位以明尊祖之義於是國老王喜廷掾鄭篤功曹邠勤等咸曰宜之遂立壇祀爲之位主城北三十里有太公泉泉上又有太公廟廟側高林秀木翹楚競茂相傳云太公之故居也晉太康中范陽盧無忌爲汲令立碑於其上太公避紂之亂屠隱市朝遁釣魚水何必渭濱然後磻溪苟愜神心曲渚則可磻溪之名斯無嫌矣清水又東逕故石梁下梁跨水上橋石崩褫餘基尚存清水又東與食水合水出西北方山山西倉谷

谷有倉王琝石故名爲其水東南流潛行地下又東南復出俗謂之雹水東南歷坶野自朝歌以南南暨清水土地平衍據皐跨澤悉坶野矣郡國志曰朝歌縣南有牧野竹書紀年曰周武王率西夷諸侯伐殷敗之于坶野詩所謂坶野洋洋檀車煌煌者也有殷大夫比干冢前有石銘題隸云殷大夫比干之墓所記唯此今已中折不知誰所誌也太和中高祖孝文皇帝南巡親幸其墳而加弔焉刊石樹碑列于墓隧矣雹水又東南入于清水又東南逕合城南故三會亭也以淇清合河故受名焉清水又屈而南逕屬皇臺東北南注之也

又東入于河

謂之清口即淇河口也蓋互受其名耳地理志曰清河水出内黄縣南無清水可來所有者唯鍾是水耳蓋河徙南注清水瀆移唯流逕絕餘目故東川有清河之稱相嗣不斷目尚存故東川曹公開白溝遏水北注方復故瀆矣

沁水出上黨沮縣謁戾山

沁水即洎水也或言出穀遠縣羊頭山世靡谷三源奇注逕瀉一隍又南會三水歷落出左右近溪參差翼注之也

南過穀遠縣東又南過猗氏縣東

穀遠縣王莽之穀近也沁水又南逕猗氏縣故城東劉聰以詹事魯繇爲冀州治此也沁水又南歷

猗氏關又南與驫驫水合水出東北巨峻山乘高
瀉浪觸石流響世人因聲以納稱西南流注于沁
沁水又南與秦川水合水出巨峻山東帶引衆溪
積以成川又西南逕端氏縣故城東昔韓趙魏分
晉遷晉君於端氏縣即此是也其水南流入于沁
水

又南過陽阿縣東

沁水南逕陽阿縣故城西魏土地記曰建興郡治
陽阿縣郡西四十里有沁水南流沁水又南與濩
澤水合水出澤城西白澗嶺下東逕濩澤墨子曰
舜漁濩澤應劭曰澤在縣西北又東逕濩澤縣故
城南蓋以澤氏縣也竹書紀年梁惠成王十九年
晉取玄武濩澤者也其水際城東注又東合清淵
水水出其縣北東南經澤城東又南入于澤水澤
水又東得陽泉水口出鹿臺山山上有水淵而不
流其水東逕陽陵城南即陽阿縣之故城也漢高
帝七年封下訢爲侯國水歷焦燒山東下與黑嶺
水合水出西北黑嶺下即開蹬也其水東南流逕
北鄉亭下又東南逕陽陵城東南注陽泉水陽泉
水又南注濩澤水又東南又有上澗水注之水導
源西北輔山東逕銅于崖南歷析城山北山在濩
澤南禹貢所謂砥柱析城至于王屋也山甚高峻
上平坦下有二泉東濁西清左右不生草木數十
步外多細竹其水自山陰東入濩澤水濩澤水又

東南注于沁水沁水又東南陽阿水左入焉水北
出陽阿川南流逕建興郡西其水又東南流逕午
壁亭東而南入山谷波漱石淵潤八丈環濤轂轉
西南流入于沁水又南五十餘里沿上下步逕裁
通小竹細筍被于山渚蒙蘢拔密奇爲翳薈也
又南出山過沁水縣北
沁水南逕石門也謂之沁口魏土地記曰河内郡
野王縣西七十里有沁水逕在沁水城西附城東
南流也石門是晉安平獻王司馬孚之爲魏野王
典農中郎將之所造也案其表云臣孚言臣被明
詔興河内水利臣既到檢行沁水源出銅鞮山屈
曲周迴水道九百自太行以西王屋以東層巖高

峻天時霖雨衆谷走水小口漂迸木門朽敗稻田
汎濫歲功不成臣輒按行去堰五里以外方石可
得數萬餘枚臣以爲方石爲門若天亢旱增堰進
水若天霖雨陂澤充溢則閉方斷水空渠衍滂足
以成河雲雨由人經國之謀暫勞永逸聖王所許
願陛下特出臣表勅大司農府給人工勿使稽延
以贊時要臣孚言詔書聽許於是夾岸累石結以
爲門用代木門枋故石門舊有枋口之稱矣溉田
頃畝之數間二歲月之功事見門側石銘矣水西
有孔山山上石穴洞開穴内石上有車轍牛跡耆
舊傳云自然成者非人功所就也其水南分爲二
水一水南出爲朱溝水沁水又逕沁縣故城北蓋

藉水以名縣矣春秋之少水也京相璠曰晉地矣
又云少水今沁水也沁水又東逕沁水亭北世謂
之小沁城沁水東右合小沁水水出北山臺渟淵
南流爲臺渟水南東入沁水沁又東倍澗水注之
水北出五行之山南流注于沁水
又東過野王縣北
沁水又東邘水注之出太行之阜山則五行之異
名也淮南子曰武王欲築宮於五行之山周公曰
五行嶮固德能覆也內貢廻矣使吾暴亂則伐我
難矣君子以爲能持滿高誘云今太行山也在河
內野王縣西北上黨關也詩所謂徒殆野王道傾
蓋上黨關即此山矣其水南流逕邘城西故邘國

也城南有邘臺春秋僖公二十四年王將伐鄭富
辰諫曰邘武之穆也京相璠曰今野王西北三十
里有故邘城邘臺是也今故城當太行南路道出
其中漢武帝封李壽爲侯國邘水又東南逕孔子
廟東廟庭有碑魏太和元年孔靈度等以舊字毀
落上求修復野王令范衆愛河中太守元眞刺史
咸陽公高允表聞立碑於廟治中劉明駕吕次父
主簿向班虎荀靈龜以宣尼大聖非碑頌所稱宜
立記焉云仲尼傷道不行欲北從趙鞅聞殺鳴犢
遂旋車而反及其後也晉人思之於太行嶺南爲
之立廟蓋往時廻轅處也余按諸子書及史籍之
文並言仲尼臨河而嘆曰丘之不濟命九天是非

太行迴轅之言也碑云魯國孔氏官於洛陽因居
廟下以奉蒸嘗斯言至矣蓋孔因遷山下追思聖
祖故立廟存饗耳其田劉累遷魯立堯祠於山矣
非謂迴轅於此也邘水東南逕邘亭西京相璠曰
又有亭在橋西南三十里今是亭在邘城東南七
八里蓋京氏之所謬耳或更有之余所不詳其水
又南流注于沁沁水東逕野王縣故城北秦昭王
四十四年白起攻太行道絕而韓之野王降始皇
拔魏東地置東郡衞元郡自漢陽徙野王即此縣
也漢高帝元年爲殷國二年爲河內王莽之後隊
縣曰平野矣魏懷州刺史治皇都遷洛省州復郡
水北有華嶽廟廟側有攢栢數百根對郭臨川負

岡蔭渚青青彌望奇可翫也懷州刺史頓丘李洪
之之所經構也廟有碑焉是河內郡功曹山陽荀
靈龜以和平四年造天安元年立沁水又東朱溝
枝津入焉又東與丹水合水出上黨高都縣故城
東北阜下俗謂之源源水山海經曰沁水之東有
林焉名曰丹林丹水出焉即斯水矣丹水自源東
北流又屈而東注左會絕水地理志曰高都縣有
莞谷丹水所出東南入絕水是也絕水出泫氏縣
西北楊谷故地理志曰楊谷絕水所出東南流左
長平水水出長平縣西北小山東南流逕其縣故
城泫氏之長平亭也史記曰秦使左庶長王齕攻
韓取上黨上黨民走趙趙軍長平使廉頗爲將後

遣馬服之子趙括代之秦密使武安君白起攻之括四十萬衆降起起坑之於此上黨記曰長平城在郡之南秦壘在城西二軍共食流水澗相去五里秦坑趙衆收頭顱築臺於壘中因山爲臺崔嵬桀起今仍號曰白起臺城之左右沿山亘隰南北五十許里東西二十餘里悉秦趙故壘遺壁舊存焉漢武帝元朔二年以封將軍衛青爲侯國其東南流注絕水絕水又東南流逕泫氏縣故城北竹書紀年曰晉烈公元年趙獻子城泫氏絕水東南與泫水會水導源縣西北玄谷東流逕一城故南俗謂之都鄉城又東南逕泫氏故城南世祖建武六年封萬普爲侯國而東會絕水亂流東南入高

都縣右入丹水上黨記曰長平城在郡南山中丹水出長平北山南流秦坑趙衆流血丹川由是俗名爲丹水斯爲不經矣丹水又東南流注于丹谷即劉越石扶風歌所謂丹水者也晉書地道記曰縣有太行關丹溪爲關之東谷途自此去不復由關矣丹水又逕二石入北而各在一山角倚相望南爲河內北曰上黨二郡以之分境丹水又東南歷西巖下巖下有大泉湧發洪源巨輪淵深不測蘋藻冬芹竟川含綠雖嚴辰肅月燕麥暄萋丹水又南白水注之水出高都縣故城西所謂長平白水也東南流歷天井關地理志曰高都縣有天井關蔡邕曰太行山上有天井關在井北遂因名焉

故劉歆遂初賦曰馳太行之嶮峻入天井之高關太元十五年晉征虜將軍朱序破慕容永於太行遣軍至白水去長子一百六十里白水又東天井溪水會焉水出天井關北流注白水世謂之北流泉白水又東南流入丹水謂之白水交丹水入東南出山逕鄈城西城在山際俗謂之期城非也司馬彪郡國志曰山陽有鄈城京相璠曰河内山陽西北六十里有鄈城竹書紀年曰梁惠成王元年趙成侯偃韓懿侯若伐我葵即此城也丹水又南屈而西轉光溝水出焉丹水又西逕苑鄉城北南屈東轉逕其城南東南流注于沁謂之丹口竹書紀年曰晉出公五年丹水三日絶不流幽公九年

丹水出相反擊即此水也沁水又東光溝水注之也水首受丹水東南流界溝水出焉又南入沁水又東南流逕成鄉城北又東逕中都亭南又合界溝水水上承光溝東南流長明溝水出焉又南逕中都亭西而南流注于沁水也

又東過周縣北

縣故周也春秋左傳隱公十有一年周以賜鄭公孫段六國時韓宣子徙居之有白馬溝水注之水首受白馬湖湖一名朱管陂陂上承長明溝湖水東南流逕金亭西分爲二水一水東出爲蔡溝一水南流于沁也

又東過邢丘一曰懷縣之北

韓詩外傳曰武王伐紂到邢丘更名邢丘曰懷春
秋時赤翟伐晉圍懷是也王莽以爲河内故河内
郡治也舊三河之地矣韋昭曰河南河東河内爲
三河也縣北有沁陽城沁水逕其南而東注也
又東過武德縣南又東南至滎陽縣北東入于河
沁水於縣南水積爲陂通結數湖有朱溝水注之
其水上承沁水於沁水縣西北自方口東南流奉
溝水右出焉又東南流右泄爲沙溝水也其水又
東南於野王城西枝渠左水焉以周城溉東逕野
王城南又屈逕其城東而北注沁水朱溝自枝渠
東南逕州城南又東逕懷城南又東逕殷城北郭
緣生述征記曰河之北岸河内懷縣有殷城或謂

楚漢之際殷王卬治之非也余按竹書紀年云秦
師伐鄭次于懷城殷殷即是城也然殷之爲名久
矣知非從卬始昔劉聰以郭默爲殷州刺史督緣
河諸軍事治此朱溝又東南注于湖湖水又右納
沙溝水水分朱溝南派東南逕安昌城西漢成帝
河平四年封丞相張禹爲侯國今城之東南有古
冢時人謂之張禹墓余按漢書禹河内軹人徙家
蓮芍鴻嘉元年禹以老乞骸自治冢塋起祠堂於
平陵平之肥牛亭近延陵奏請之詔爲徙亭哀帝
建平二年薨遂葬於彼此則非也沙溝又東逕隰
城北春秋僖公二十五年取大叔於溫殺之於隰
城是也京相璠曰在懷縣西南又逕殷城西東南

流入於陂陂水又徃東南流入于河先儒亦咸謂
是溝爲沛渠故班固及闞駰並言沛水至武德入
河蓋沛水枝瀆條分所在布稱亦兼丹水之目矣
淇水出河内隆慮縣西大號山
山海經曰淇水出沮如山水出山側頹波瀾注衝
激横山山上合下開可減六七十步巨石磥砢交
積隍澗傾瀾渀盪勢同雷轉激水散氛曖若霧合
又東北活水注之水出壺關縣東岾臺下右壁崇
高昂藏隱天泉流發于西北隅與金谷水合金谷
即玷臺之西溪也東北會水又東流注淇水又逕
南羅川又歷之羅城北東北與女臺水會合水發
西北三女臺下東北流注于淇淇水又東北逕其

陽川逕石城西北城在原上帶澗枕淇淇水又東
北西流水注之水出東大嶺下西流逕石樓南在
北陵石上練垂桀立亭亭極峻其水西流水也又
東逕馮都壘南世謂之淇陽城在西北三十里淇
水又東出山分爲二水會立石堰遏水以沃白溝
左爲菀水右則淇水自元甫城東南逕朝歌縣北
竹書紀年晉定公二十八年淇絶于舊衛即此也
淇水又東屈而西轉逕頓丘北故闞駰云頓丘在淇
水南又屈逕頓丘西爾雅曰山一成謂之頓丘釋
名謂一頓而成丘無高下小大之殺也詩所謂送
子涉淇至于頓丘者也魏徙九原西河出軍諸胡
置五軍於丘側故其名亦曰五軍也太和泉源水

石也殿之東北接紫宫寺南對承賢門門南即皇
信堂堂之四周圖古聖忠臣烈士之容刊題其側
是辯章即彭城張僧達樂安蔣少遊手堂南對白
臺臺甚高廣臺基四周列壁閣路自内而升國之
圖籙秘籍悉積其下臺西即朱明閣有侍之官出
入所由也其水夾御路南流逕蓬臺西魏神瑞三
年又毁建白樓樓甚高竦加觀榭於其上表裏飾
以石粉皜曜建素赭白綺分故世謂之白樓也後
置大鼓於其上晨昏伐以千椎爲城里諸門啓閉
之候謂之戒晨鼓也又南逕皇舅寺西是太師桼
昌憑晉國所造有五層浮圖其神圖像皆合青石
爲之加以金銀火齊衆綵之上煒煒有精光又南

逕水寧七級浮圖西制甚妙工在寡雙又南遠出
郊郭弱柳蔭街絲楊被浦公私引裂用周園挽長
塘曲池所在布濩故不可得而論也一水南逕白
登山西服虔曰白登臺名也去平城七里如淳曰
平城傍之高城若丘陵矣今平城東十七里有臺
即白登臺也臺南對罡阜即白登山也故漢書稱
上遂至平城上白登者也爲匈奴所圍處孫暢之
述畫曰漢高祖被圍七日陳平使能畫作美女送
與冒頓閼氏恐冒頓勝漢其寵必衰説冒頓解圍
於此矣其水又逕寧先宫東獻文帝之爲太上皇
也所居故宫矣宫之東次下有兩石柱是石虎鄴
城東門石橋柱也按柱勅趙建武中造以其石作

工妙徙之於此余爲尚書祠部與宜都王穆羆同
拜北郊親所逕見柱側悉鏤雲矩上作蟠螭甚有
形勢信爲工巧去子丹碑側遠矣其水又南逕平
城縣故城東司州代尹治皇都洛陽以爲恒州水
左有大道壇廟始光二年少室道士寇謙之所議
建也兼諸岳廟碑亦多所署立其廟階五成四周
欄檻上階之上以木爲員基令互相枝梧以板切
其上欄陛承阿上員制如明堂而專室四戶室內
有神坐坐右列玉磬皇輿親降受籙靈壇號曰天
師宣陽道式暫重當時壇之東北舊有靜輪宮魏
神䴥四年造抑亦相梁之流也臺高廣超出雲間
欲令上延霄客下絕囂浮太平眞君十一年又毀

之物不停固白登亦繼褫矣水右有三層浮圖眞
容鷲架悉結石也裝制麗質亦盡美善也東郭外
太和中閹人宕昌公鉗耳慶時立祗洹舍於東睪
椽瓦梁棟臺壁欞陛尊容聖像及床坐軒帳悉青
石也圖制可觀所恨唯列壁合石疏而不密庭中
有祗洹碑碑題大篆非佳耳然京邑帝里佛法豐
盛神圖妙塔桀峙相望法輪東轉茲爲上矣其水
自北苑南出歷京城內河干兩湄太和十年累石
結岸夾塘之上雜樹交蔭郭南結兩石橋橫水爲
梁又南逕籍田及藥圃西明堂東明堂上圓下方
四周十二戶九堂而不爲重隅也室外柱內綺井
之下施機輪飾縹仰象天狀畫北道之宿焉蓋天

石也殿之東北接紫宮寺南對承賢門門南即皇
信堂堂之四周圖古聖忠臣烈士之容刊題其側
是辯章即彭城張僧達樂安蔣少遊于堂南對白
臺臺甚高廣臺基四周列壁閣路自內而升國之
圖籙秘籍悉積其下臺西即朱明閣有侍之官出
入所由也其水夾御路南流逕蓬臺西魏神瑞三
年又毁建白樓樓甚高竦加觀榭於其上表裏飾
以石粉皜曜建素赭白綺分故世謂之白樓也後
置大鼓於其上晨昏伐以千椎爲城里諸門啓閉
之候謂之戒晨鼓也又南逕皇舅寺西是太師黎
昌憑晉國所造有五層浮圖其神圖像皆合青石
爲之加以金銀火齊衆綵之上煒煒有精光又南

逕水寧七級浮圖西制甚妙工在寡雙又南遠出
郊郭弱柳蔭街絲楊被浦公私引裂用周園挽長
塘曲池所在布濩故不可得而論也一水南逕白
登山西服虔曰白登臺名也去平城七里如淳曰
平城傍之高城若丘陵矣今平城東十七里有臺
即白登臺也臺南對罡阜即白登山也故漢書稱
上遂至平城上白登者也爲匈奴所圍處孫暢之
述畫曰漢高祖被圍七日陳平使能畫作美女送
與冒頓閼氏恐冒頓勝漢其寵必衰說冒頓解圍
於此矣其水又逕寧先宮東獻文帝之爲太上皇
也所居故宮矣宮之東次下有兩石柱是石虎鄴
城東門石橋柱也按柱勒趙建武中造以其石作

水盛北入故渠自此始矣一水東流逕枋城南東
與宛口合宛水上承淇水於元甫城西北自石堰
東注宛城西屈逕其城南又東南流歷五軍東北
得舊石沮故五水分流世號五穴口今惟通并爲
二一水西注淇水謂之天井溝一水逕五軍東分
爲蓼溝東入白祀陂又南分東入同山陂溉田七
十餘頃二陂所結即臺陰野矣宛水東南入淇水
淇水右合宿胥故瀆瀆受河於頓丘縣遮害亭東
黎山西北會淇水處立石堰遏水令更東北注魏
武開白溝因宿胥故瀆而加其功也故蘇代曰波
宿胥之口魏無虛頓丘即指是瀆也淇水又東北
流謂之白溝逕雍榆城南春秋襄公二十三年叔

孫豹救晉次于雍榆城者也淇水逕其城東東北
逕同山東又北逕其城東東北逕冢西世謂之頓
丘臺非也皇覽曰帝嚳冢在東郡濮陽頓丘城南
臺陰野中者也又北逕白祠山東歷廣陽里逕顓
頊冢西俗謂之殷王陵非也帝王世紀白顓頊葬
東郡頓丘城南廣陽里大冢者是也淇水又北逕
頓丘縣故城西古文尚書以爲觀地矣蓋太康弟
五君之號曰五觀者也竹書紀年晉定公三十一
年城頓丘皇覽曰頓丘者城門名頓丘道世謂之
殷皆非也蓋因丘而爲名故曰頓丘矣淇水東北
逕枉人山東牽城西春秋左傳定公十三年公會
齊侯衛侯于牽者也杜預曰黎陽東北有牽城即

此城矣淇水又東北逕石柱岡東北注矣

又東過内黄縣南爲白溝

淇水又東北逕并陽城西世謂之辟陽城非也即郡國志所謂内黄縣有并陽聚者也白溝又北左合陽水又東北流逕内黄縣故城南縣右對黄澤郡國志曰縣有黄澤者地理風俗記曰陳留有外黄故加内史記曰趙廉頗伐魏取黄即此縣

屈從縣東北與洹水合

白溝自縣北逕戲陽城東世謂之義陽郭春秋昭公十年晉荀盈如齊逆女還卒戲陽是也白溝又北逕高城亭東又洹水從西南來注之又北逕問亭東即魏界也應劭曰縣故城魏武侯之別都也

城内有武侯臺王莽之魏城亭也左與新河合洹水枝流也白溝又東北逕銅馬城西蓋光武征銅馬所築也故城得其名矣白溝又東北逕羅勒城東又東北漳水注之謂之利漕口自下清漳白溝淇河咸得通稱也

又東北過館陶縣北又東北過清淵縣西

白溝水又東北逕趙城西又北阿難河出焉蓋魏將阿難所導以利衡瀆首有阿難之稱矣白溝又東北逕空陵城西又北逕喬亭城西東去館陶縣故城十五里縣即春秋所謂冠氏也魏陽平郡治也其水又屈逕其縣北又東北逕平恩縣故城東地理風俗記曰縣故館陶之別鄉也漢宣帝元康

三年置以封后父許伯爲侯國地理志王莽之延平縣矣洪水又東過清淵縣故城西又歷縣之西北爲清淵故縣有清淵之名矣世謂之魚池城非也淇水之東北逕榆陽城北漢昭帝封太常江德爲侯國文穎曰邑在魏郡清淵世謂之清淵城非也

又東北過廣宗縣東爲清河

清河東北逕廣宗縣故城南順帝永元五年封皇太子萬年爲王國田融言趙立建興郡於城內置臨清縣於水東自趙石始也清河之右有李雲墓雲字行祖甘陵人好學善陰陽舉孝廉遷白馬令中常侍單超等立掖庭民女亳氏爲后家封者四人賞賜巨萬雲上書移列三府曰孔子云帝者諦也今尺一拜用不逕御者是帝欲不諦乎帝怒下獄殺之後冀州刺史賈琮使行部過祠雲墓刻石表之今石柱尚存俗猶爲之李氏石柱清河又東北逕界城亭東水上有大梁謂之界城橋英雄記曰公孫瓚擊青州黃巾賊大破之還屯廣宗袁本初自往征瓚合戰于界橋南二十里紹將麴義破瓚於界城橋斬瓚冀州刺史嚴綱又破瓚殿兵於橋上即此梁也世謂之鬲城橋蓋傳呼失實矣清河又東北逕信鄉西地理風俗記曰甘陵西北十七里有信鄉故縣也清河又北逕信城縣故城西應劭曰甘陵西北五十里有信城亭故縣也趙置水東縣於此城故亦曰水東城清河又東北逕清

陽縣故城西漢高帝置清河郡治此中元二年景帝封皇子乘爲王國王莽之河平也漢光武建武二年西河鮮于裒爲清河太守作公廨未就而亡後守趙高計功用二百萬五官黃秉功曹劉適言四百萬錢於是裒乃鬼見白日道從入府與高及秉等對共計校定爲邊秉所割匿裒乃書表自理其略言高貴不尚節畝壟之夫而箕踞遺類研密失機婢妾其性媚世求顯偷竊銀艾鄙辱天官易譏召秉誠高之謂臣不勝鬼言謹因千里驛聞侍高上之便西北去三十里車馬皆滅不復見秉等皆伏地物故高以狀聞詔下還裒西河田宅妻子焉兼爲差代以旌幽中之訟漢桓帝延和元年改

清河爲甘陵王國以王妖言徒其年立甘陵郡治此焉

又東北過東武城縣西

清河又東北逕陵鄉西應劭曰東武城西南七十里有陵鄉故縣也後漢封太僕梁松爲侯國故世謂之梁侯城遂立侯城縣治也清河又東北逕東武城故縣城西史記趙公子勝號平原君以解邯鄲之功受封於此定襄有武城故加東矣清河又東北逕復陽縣故城西漢高帝七年封右司馬陳胥爲侯國王莽更名之曰樂歲地理風俗記曰東武城西北三十里有復陽亭故縣也世名之曰檻城非也清河水又東北流逕棗強縣故城西史記

建元以來王子侯者年表云漢武帝元朔二年封廣川惠王子嬰爲侯國也應劭地理風俗記曰東武西北五十里有强城故縣也

又北過廣川縣東

清水北逕廣川縣故城南闞駰曰縣有長河爲流故曰廣川也水側有羌壘姚氏之故居也今廣川縣治清河又東北逕歷縣故城南地理志信都之屬縣也王莽更名曰歷寧也應劭曰廣川縣西北三十里有歷城亭故縣也今亭在縣東如此水濟尚謂之爲歷口渡也

又東過修縣南又東北過東光縣西

清河又東北左與張甲屯絳故瀆合阻深堤高鄣無復有水矣又逕修縣故城南屈逕其城東修音條王莽更名之曰治修郡國志曰故屬信都清河又東北左與黃漳枝津故瀆合又東北逕修國故城東漢文帝封周亞夫爲侯國故世謂之北修城也清河又東北逕邸閣城東城臨側清河晉修縣治城内有縣長魯國孔明碑清河又東至東光縣西南逕胡蘇亭者是世謂之羌城非也又東北右會大河故瀆又逕東光縣故城西後漢封耿純爲侯國初平二年黃巾三十萬人入北海公孫瓚破之於東光界追斬是水斬首三萬流血丹水即是水也

又東北過南皮縣西

清河又東北無棣溝出焉東逕南皮縣故城南又東逕樂亭北地理志之臨縣故城也王莽更名樂亭晉書地道志太康地記樂陵國有新樂縣即此城矣又東逕新鄉城北即地理志高樂故城也王莽更之曰爲鄉矣無棣溝又東分爲二瀆無棣溝又東逕於樂陵郡北又東屈而北出又東轉逕苑鄉故城南又東南逕高成縣故城南與枝瀆合溝上承無棣溝南逕樂陵郡西又東南逕千童縣故城東史記建元以來王子侯者年表曰故重也一作千鍾漢武帝元朔四年封河間靖王子劉陰爲侯國應劭曰漢靈帝故曰饒安也滄州治枝瀆又南東屈東北注無棣溝無棣溝又東北逕一故城

此世謂之功城也又東北逕鹽山東北入海春秋僖公齊楚之盟於邵陵也管仲曰昔召康公賜命先君太公履北至於無棣蓋四履之所也京相璠曰舊說無棣在遼西孤竹縣二說參差未知所定然管仲以責楚無棣在此方之爲近旣世傳以文且以聞見書之清河又東北逕南皮縣故城西十三州志曰章武有北皮亭故此曰南皮也王莽之逆河亭史記惠景侯者年表云漢文帝後元年中封孝文后兄子彭祖爲侯國漢建安中魏武擒袁譚於此城也清河又北逕皮城東左會滹地別瀆謂之合故謂之合城也地理風俗記曰南皮城北五十里有北皮城也

又東北逕浮陽縣西
河東北浮水故瀆出焉按史記趙之南外有浮水
焉浮水在南而此有浮陽之稱者蓋浮水出入津
流同逆混并清漳二瀆河之舊道浮水故迹又自
斯別是縣有浮水之名也首清河於縣界東北逕
高城縣之宛鄉城北又東逕章武縣之故城漢文
帝後元中封孝文后弟竇廣國爲侯國王莽更名
桓帝晉太始中立章武郡治此浮水故瀆又東逕
篋山北魏氏土地記曰高城東北五十里有篋山
長七里浮瀆又東北逕柳縣故城南漢帝元朔四
年封齊孝王子劉傷爲侯國地理風俗記曰高城
縣東北五十里有柳亭故縣也世謂之辟亭非也

浮瀆又東北逕漢武帝望海臺又注于海應劭曰
浮縣浮水所出入海朝夕往來日再今溝無復有
水也清河又北分爲二瀆枝分東出又謂之浮瀆
清河又北逕浮陽故城西王莽之浮城也建武十
五年更封騎將軍平鄉侯劉歆爲侯國浮陽郡治
又東北滹沲別瀆注焉謂之合河也
又東北過濊邑北
濊水出焉
又東北過鄉邑南
清河又東分爲二水枝津右出焉東逕漢武帝故
臺北魏氏土地記曰章武縣東一百里有武帝臺
南北有二臺相去六十里基高六十丈俗云漢武

帝東巡海上所築又東注于海清河又東北逕紵
姑邑南俗謂之新城非也

又東北逕窮河邑南

清河又東北逕窮河邑南俗謂之三女城非也東
北至泉周縣北入澪淹水經曰笥籌泉周縣東南
與清河合者自下爲清河下邑也又東泉周泉出
焉

又東北過漂榆邑入于海

清河又東逕漂榆邑故城南俗謂之角飛城趙記
云石勒使王述煑鹽於角飛即城異名矣魏土地
記曰高城縣東北一百里北盡漂榆東臨巨海民
咸煑海水藉鹽爲業即此城也清河自是入于海

蕩水出河内陰縣西山東

蕩水出縣西石尚山泉流逕其縣故城縣因水以
取名也晉伐成都王頴敗帝于是水之南盧綝四
王起事曰惠帝征成都王頴戰敗時舉輦司馬入
人輦猶在肩上軍人競就殺舉輦者乘輿頓地帝
傷三矢百僚奔散唯侍中嵇紹扶帝士將兵之帝
曰吾吏也勿害之衆曰受太弟命唯不犯陛下一
人耳遂斬之血汙帝袂將洗之帝曰嵇侍中血勿
洗也此則嵇延祖殞命之所

又東北至内黄縣入于黄澤

羑水出蕩西北韓大牛泉地理志曰縣之西山羑
水所出也巷水又東逕韓附壁北又東流逕羑城

此故羑里也史記音義曰牖里在蕩陰縣廣雅稱獄犴也夏曰夏臺殷曰羑里周曰囹圄皆圜土昔殷紂納崇侯虎之言囚西伯於此散宜生南宮括見文王乃演易用明否泰始終之義焉羑城北水積成淵方一十餘步深一丈餘東至內黃與防水會水出西山馬頭澗東逕防城北盧諶征艱賦所爲越防者也其水東南流注于羑水又東歷王澤入蕩水地理志曰羑水至內黃入蕩者也蕩水又東與長沙溝水合其水導源里山北谷東流逕晉鄙故壘北謂之晉鄙城名之爲魏將城昔魏公子無忌矯奪晉鄙軍於是處故班叔皮遊居賦曰過蕩陰而弔晉鄙責公子之不臣者也淇水又東謂

之宜師溝又東逕蕩縣南又東逕杜入山東北至內黃澤右入蕩水亦謂之黃雀溝是水秋夏則泛春冬則耗水又逕內黃城南陳留有外黃故稱內也東注白溝

洹水出上黨泫氏縣

水出洹山山在長子縣也

東過隆慮縣北

縣北有隆慮山昔帛仲理之所遊神也縣因山以取名漢高帝六年封周竈爲侯國應劭曰殤帝曰隆故改從林也縣有黃水出于神囷之山黃華谷北崖山高十七里水出木門帶帶即山之第三級也去地七里懸水東南注壑直瀉巖下狀若雞翅

故謂之雞翹洪蓋亦天台赤城流也其水東流至
谷口潜入地下東北一十里復出名柳渚渚周四
五里是黃水重源再發也東流葦泉水注之出林
慮川北澤中東南流與雙泉合水會殷門東下流
入葦泉水葦泉水又東南流注黃水謂之陵陽水

又東入於洹水也

又東北出山逕鄴縣南

洹水出山逕殷墟北竹書紀年曰盤庚即位自
奄遷于此遂曰殷昔者項羽與章邯盟於此地矣
洹水又東枝津出焉東北流逕鄴城南謂之新河
又東分爲二水北逕東明觀下昔慕容儁夢石虎
齧其臂寤而惡之購求其尸而莫知之後宮嬖妾

言虎葬東明觀下於是掘焉下度三泉得其棺剖
棺出尸尸僵不腐儁罵之曰死胡安敢夢生天子
也使御史中尉陽約數其罪而鞭之此蓋虎始葬
處也又北逕建春門石梁不高大治石工密舊橋
首夾建兩石柱螭短趺勤甚佳乘輿南幸以其作
制華妙致之平城東側西屈北對射堂渌水平潭
碧林浦側可遊意矣其水際其西逕魏武玄武故
苑苑舊有玄武池以肄舟楫有魚梁釣臺竹木灌
叢今池林絶滅略無遺跡矣其水西流注于漳南
水又東北逕女亭城北又東北逕高陵城南東合
坰溝又東逕鸕鷀陂北與台陂水合陂東西三十
里南北注白溝河溝上承洹水北絶新河北逕高

陵城東又北逕斥丘縣故城西縣南角有赤丘蓋
因丘以氏縣故乾侯矣春秋經書昭公二十八年
始之晉次于乾侯也漢高帝六年封唐廣爲侯國
王莽之利丘矣又屈逕其北城東北流注于白溝
洹水自鄴東逕安陽縣故北徐廣晉紀曰石遵自
孚城北入軒張豹於安陽是也魏土地記曰鄴城
南四十里有安陽城城北有洹水東流者也洹水
又東至長樂縣左側則溝出焉洹水又東逕長樂
縣故城南按晉書地理志曰魏郡有長樂縣也

又東過內黃縣北東入于白溝

洹水逕內黃縣北東流注于白溝世謂之洹水也
許慎說文呂忱字林並云洹水出晉魯之間昔聲

伯夢涉洹水或與其瓊瑰而食之泣而又與瓊瑰
盈其懷矣從而歌曰濟洹之水贈我以瓊瑰歸乎
歸乎瓊瑰盈吾懷乎後言之暮而卒是水也

水經卷第九

水經卷第十

漢桑欽撰　後魏酈道元注

濁漳水　清漳水

濁漳水出上黨長子縣西發鳩山之漳水焉出麓谷與發鳩連麓而在南淮南子謂之發苞山故異名互見也左則陽泉水注之右則散蓋水入焉三源同出一山但以南北爲別耳

東過其縣南

又東堯水自西山東北流逕堯廟北又東逕長子縣故城南國史辛甲所封邑也春秋襄公十八年晉人執衛行人石買於長子即是縣也秦置上黨郡治此也其水東北流入漳水漳水東會于梁水梁水出南梁山北流至長子縣故城南竹書紀年曰梁惠成王十二年鄭取屯留尚子涅尚子即長子之異名也梁水又北入漳水

屈從縣東北流注

陶水南出南陶北流至長子城東西轉逕其城北東注于漳水

又東過壺關縣北

漳水東逕屯留縣南又屈逕其城東東北流有絳水注之絳水西出穀遠縣東發鳩之谷謂之絳水西出穀遠縣爲濫水屯東逕屯留縣故城南故留子國也潞氏之屬春秋襄公十八年晉人執孫蒯於純留是也其水東北流入于漳故桑欽云絳水

屯留西南東入漳漳水又東陳水注之水出西發
鳩山東逕余吾縣故城南漢光武建武六年封景
丹尚子爲侯國陳水又東逕屯留縣故城北竹書
紀年梁惠成王元年韓共侯趙成侯遷晉桓子屯
留史記趙肅侯奪晉君端氏而徙居之此矣其水
又東流注于漳故許慎曰水出發鳩山入關從水
章聲也漳水逕壺關縣故縣西又屈逕其城北故
黎國也有黎亭縣有壺口關故曰壺關矣呂后元
年立孝惠後宮子武爲侯國漢有壺關三老公乘
興上書訟衛太子即邑人也縣在屯留東不得先
壺關而後屯留也漳水歷鹿臺山與鞮水合水出
銅鞮縣西北石磴山東流與專池水合出八持山

東北流入銅鞮水銅鞮水又東南逕女諫水西北
好松山東南流北則葦池水與公主水合而右注
之南則榆交水與皇后水合而左入焉亂流東南
注于銅鞮銅鞮水李憙墓前有碑碑石破碎故李
氏以太和元年立之其水又東逕故城北城在山
阜之上下臨岫壑東西北三面岨袤二里世謂之
斷梁城即故縣之上虒亭也銅鞮水又東逕銅鞮
縣故城北城在水南山中晉大夫羊舌赤銅鞮伯
華之邑也漢高祖破韓王信於此縣也銅鞮水入
東南流逕頃城西即縣之下虒聚也地理志曰縣
有上虒亭下虒聚者也銅鞮又南逕胡邑西又東
屈逕其城南又東逕襄垣縣入于漳漳水又東北

流逕襄垣縣故城南王莽之上黨亭
又東北過屯留縣潞縣北
縣故赤翟潞子國也其相豐舒有儁才而不以茂
德晉伯宗數其五罪使荀林父滅之闞駰曰有潞
水爲冀州浸即漳水也余按燕書王猛與慕容評
相遇於潞川也鄣固山泉鬻水與軍入絹匹水二
石佗大川可以爲侵所有巨浪長湍唯潭水耳故
世人亦謂濁漳爲潞水矣縣北對故壁臺漳水逕
其南本潞子所立也世名之爲臺壁也慕容垂伐
慕容永於長子軍次潞川永率精兵拒戰阻河自
固垂陣壁臺一戰破之即是處也漳水於是左右
黃須水口水出壁臺西張譚巖下世傳巖赤則土

離兵害故惡其變化無常恒以石粉汙之令白是
以俗目之爲張譚巖其水南流逕臺壁西又南入
于漳漳水又東北歷望夫山山之南有石人竚於
山上狀有懷於雲表因以名焉有洹水西出覆甑
山而東流與西湯溪水合出涅縣西山湯谷五泉
俱會謂之五會之泉交東南流謂之西湯水又東
南流注涅水涅水又東逕涅縣故城南縣氏涅水也東
與白鷄水出縣之西山東逕其縣北東南流入涅
水涅水又東南與武鄉水會焉水源出武山西南
逕武鄉縣故城西而南出得清谷口水源出東北
長山清谷西南與鞞轄白壁二水合南入武鄉水
又南得黃水口黃水三源同注一壑東南流與隱

室水合水流西北出隱室山東南注潢水又東入
武鄉水武鄉水又東南注于涅水涅水又東南流
注于漳水漳水又東逕磻陽城北倉石水入焉水
出林慮縣之倉石溪東北逕魯班門西闕昻藏石
壁霞舉左右結石修坊崇基仍崙北逕偏橋東即
林慮之嶠嶺抱犢固也石磴西陞陟踵修上五里
餘崿路中斷四五丈中以木爲偏橋劣得道行亦
言故有偏橋之名矣自上猶須攀蘿捫葛方乃自
津山頂即庾眩壍處也倉石溪水又北合白水溪
溪水出壺關縣東白木川東逕百畞城北蓋同仇
池百頃之稱矣又東逕林慮縣之石門谷又注于
蒼溪水蒼溪水又北逕磻陽城東而北流注于漳

水漳水又東逕葛公亭北而東去矣

又東過武安縣

漳水於縣東清水自涉縣東南來注流之世謂決
入之所爲交漳口也

又東出山過鄴縣西

漳水又東逕三戶峽爲三戶津張晏曰三戶地名
也在梁期西南孟康曰津峽名也在鄴西四十里
又東汙水注之水出武安縣山東南流逕于城北
昔項羽與蒲將軍英布濟自三戶破章邯於是水
汙水東注于漳水漳水又東逕武城南世謂之粱
期城梁期在鄴北俗亦謂之兩期城皆爲非也司
馬彪郡國志曰鄴縣有武城武城即期城矣漳水

又東北逕西門豹祠前祠東側有碑隱起爲字祠堂東頭石柱勒銘曰趙建武中所修也魏文帝述征賦曰羨西門之嘉迹忽遥睇其靈宇漳水右與枝水合其水上承漳水於邯會西而東別與邯水合水發源邯山水北逕邯會縣故城西北注漳水故曰邯會也張晏曰漳水之別自城西南與邯山之水會今城旁猶有溝渠存焉漢武帝元朔二年封趙敬肅王子劉仁爲侯國其水又東北入于漳昔魏文侯以西門豹爲鄴令也引漳以溉鄴民賴其用其後至魏襄王以史起爲鄴令又堰漳水以灌鄴田咸成沃壤百姓歌之魏武王又堨漳水迴流東注號天井堰里中作十二墱墱相去三百步

令互相灌注一源分爲十二流皆懸水門陸氏鄴中記云水所溉之處名曰晏陂澤故左思之賦魏都也謂墱流十二同源異口者也魏武之攻鄴也引漳水以圍之獻帝春秋曰司空鄴城圍周四十里初淺而狹如或可越審配不出爭利望而笑之司空一夜增修廣深二丈引漳水以注之遂拔鄴本齊桓公所置也故管子曰築五鹿中牟鄴以衛諸夏也後屬晉魏文侯七年始封拱地故曰魏也漢高帝十二年置魏郡治鄴縣王莽更名魏城後分魏郡置東西部都尉故曰三魏魏武又以郡國之舊引漳流自城西東入逕銅雀臺下伏流入城東注謂之長明溝也渠水又南逕止車門下魏武

封於鄴爲北宮宮有文昌殿溝水南北夾道枝流引灌所在通漑東出石竇下注之湟水故魏武登臺賦曰引長明灌街里謂此渠也石氏於文昌故殿處造東西太武二殿於濟北穀城之山採文石爲基一基下五百武直宿衛屈柱趺瓦悉鑄銅爲之金漆圖飾焉又徙長安雒陽銅人置諸宮前以華國也城之西北有三臺皆因城之爲基巍然崇舉其高若山建安十五年魏武所起平坦略盡春秋古地云葵丘地名今鄴西臺是也謂臺已平或更有見意所未詳其中曰銅臺高十丈有屋百餘間臺成命諸子登之並使爲賦陳思王下筆成章美捷當時亦魏武望奉常王叔治之處也昔嚴才與其屬攻掖門脩聞變車馬未至便將官屬步至宮門太祖在銅雀臺望見之曰彼來者必王叔治也相國鍾繇曰舊京城有變九卿各居其府卿何來也脩曰食其祿焉避其難居府雖舊非赴難之義時人以爲美談矣石虎更增二丈立一屋連棟接談彌覆其上盤迴隔之名曰命子窟又於屋上起五層樓高十五丈去地二十七丈又作銅雀於樓巔舒翼若飛南則金雀臺高八丈有屋一百九間北曰氷井臺亦高八丈有屋一百四十間上有氷室室有數井井深十五丈藏氷及石墨焉石墨可書又然之難盡亦謂之石炭又有粟窖及監以備不虞今窖上猶有石銘存焉左思魏都賦曰三

臺列峙而崢嶸者也城有七門南曰鳳陽門中曰
中陽門次曰廣陽門東曰達春門北曰廣德門次
曰廐門西曰金明門一曰白門鳳陽門三臺洞開
高三十五丈石氏作層觀架其上置銅鳳頭高一
丈六尺東城上石氏立東明觀觀上加金博山謂
之鏘天北城上有齊斗樓超出羣榭孤高特立其
城東西七里南北五里飾表以塼百步一樓凡諸
宮殿門臺隅雉皆加觀榭層甍反宇飛簷拂雲圖
以丹青色以輕素當其全盛之時去鄴六七十里
遠望苕亭巍若仙居魏因漢祚復都洛陽以譙之
先人本國許昌爲漢之所居長安爲西京之遺迹
鄴爲王業之本基故號五都也今相州刺史及魏

郡治漳水自豹祠北逕趙閲馬臺西基高五丈列
觀其上石虎每講武於其下升觀以望之虎自於
臺上放鳴鏑之矢以爲軍騎出入之節矣漳水又
北逕蔡陌西戰國之世俗巫爲河伯取婦祭於此
陌魏文侯時西門豹爲鄴令約諸三老曰爲河伯
取婦幸來告知吾欲送女皆曰諾至時三老廷掾
賦斂百姓取錢百萬巫覡行里中有好女者呪當
爲河伯婦以錢三萬娉女沐浴脂粉如嫁狀豹往
會之三老巫掾與民咸集赴觀巫嫗年七十從十
女弟子豹呼婦視之以爲非妙令巫嫗入報河伯
投巫於河中有頃曰何久也又令三弟子及三老
入白並投於河豹磬折曰三老不來柰何復欲使

廷掾豪長趣之皆叩頭流血乞不爲河伯取婦遥
祀雖斷地留祭陌之稱焉又慕容攜投石虎尸處
也田融以爲紫陌也趙建武十一年造紫陌浮橋
於水上爲佛圖澄先造生墓於紫陌建武十五年
卒十二月葬焉即此處也漳水又對趙氏臨漳宮
宮在桑梓苑多桑木故苑有其名三月三日及始
蠶之月虎帥皇后及夫人採桑於此今地有遺桑
墉無尺雉矣漳水又北溢水入焉漳水又東逕梁
期城南地理風俗記曰鄴北五十里有梁期城故
縣也漢武帝元鼎五年封任破胡爲侯國晉惠帝
永興元年驃騎王浚遣烏丸渴末逕至梁期侯騎
到鄴成都王穎遣將軍石超討末爲末所敗於此
也逕平陽城北竹書紀年曰梁惠成王元年鄴師
邯鄲師於平陽者也司馬彪郡國志曰鄴有平陽

城即此地也
又東過列人縣南
漳水又東右逕斥丘縣北即裴縣故城南王莽更
名之曰即是也地理風俗記曰列人縣西南六十
里即裴城故縣也漳水又東北逕列人縣故城南
王莽更名之爲列治也竹書紀年曰梁惠成王八
年惠成王伐邯鄲取列人者也於縣右合白渠故
瀆白渠水出魏郡武安縣欽口山東南流逕邯
鄲縣南又東與拘澗水合水導源武始東山白渠
此俗猶爲是水爲拘河也白渠水又東又有牛首

水入焉水出邯鄲縣西堵山東流分爲二水洪湍雙逝澄映兩川漢景帝時六國悖逆命曲周侯酈寄攻趙圍邯鄲相捍七月引牛首拘水灌城城壞王自殺其水東入邯鄲城逕溫明殿南漢世祖擒王郎幸邯鄲晝卧處也其水又東逕叢臺南六國時趙王之臺也郡國志曰邯鄲有叢臺故劉劭趙郡賦曰結雲閣於南宇立叢臺於少陽者也今遺基舊墉尚在其水又東歷邯鄲阜張晏所謂邯山在東城下者也曰單盡也城郭從邑故加邑邯鄲之名蓋指此以立稱矣故趙郡治也長沙舊傳稱桓楷爲趙郡太守嘗有遺囊粟於路者行人掛囊粟於樹莫敢取之即於是處也其水又東流出城

又合成一川也又東澄而爲渚沁水東南涓注拘澗水又東入白渠又東故瀆出焉一水東爲澤渚曲梁縣之雞澤也國語所謂雞丘矣東北通澄湖白渠故瀆南出所在枝分右出即邯溝也歷邯溝縣故城東蓋因溝以名縣也地理風俗記曰即裴城西北二十里有邯溝城故縣也又東逕肥鄉縣故城北竹書紀年曰梁惠王八年伐邯取肥者也晉書地道記曰太康中立以隸廣平也渠道交徑互相纏縻與白渠同歸逕列人右會漳津今無水地理志曰白渠東至列人入漳是也

又東北過斥漳縣南

應劭曰其國斥鹵故曰斥漳漢獻帝建安十八年

魏太祖鑿渠引漳水東入清洹以通河漕名曰利
漕渠漳津故瀆水舊斷溪東北出涓流濂注而已
尚書所謂覃懷底績至于衡漳者也孔安國曰衡
横也言覃漳水横流也又東北逕平恩縣故城西
應劭曰縣故館陶之別鄉漢元帝元康三年置以
封后父許伯爲侯國王莽更曰延平也
又東北過曲周縣東又東北過鉅鹿縣東
衡漳故瀆東北逕南曲縣故城西地理志廣平有
曲周縣應劭曰平恩縣北四十里有南曲亭故縣
也又逕曲周縣故城東地理志曰漢武帝建元四
年置王莽更名直周余按史記大將軍酈商以高
祖六年封曲周縣爲侯國又考史記同是知曲周

舊縣非始孝武蓋商冀州人在縣市補履數年人
奇其不老求其術而不能得也衡漳又北逕巨橋
祇閣西舊有大梁横水故有巨橋之稱昔武王伐
紂發巨橋之粟以賑殷之饑民服虔曰巨橋倉名
鉅鹿水之大橋也今臨側水湄左右方一二里中
狀若丘墟蓋遺囤故窖處也衡水又北逕鉅鹿縣
故城東應劭曰鹿者林之大也尚書曰堯將禪舜
納之大麓之野烈風雷雨不迷致之以昭華之玉
而縣取目焉路温舒縣之東里人及爲里監門使
温舒牧羊澤中取蒲牒用寫書即此澤也鉅鹿郡
治秦始皇二十五年滅趙以爲鉅鹿郡漢景帝中
元年爲廣平郡武帝征和三年以封趙敬肅王子

爲廣平侯國世祖中興更爲鉅鹿也鄭玄注尚書引地說云大河東北流過絳水千里至大陸爲地腹如志之言大陸在鉅鹿地理志曰水在安平信都鉅鹿與信都相去不容此數也水土之名變易世失其處見降水則以爲絳水故依而廢讀或作絳字非也今河內北共山淇水共水出焉東至魏郡黎陽入河近所謂降水也降讀當如城降于齊師之降葢周時國於地者惡言降故改之共耳又今何所從去大陸遠矣館陶北屯氏河其故道與余按鄭玄據尚書有東過洛汭至于大伾北過降水至于大陸推次言之故以淇水爲降水共城爲降城所未詳也稽之羣書共縣本共和之故國

是有共名不惡降而更稱禹著山經淇出沮洳淇澳衛詩列自又遠當非改絳華爲今號但是水導源共出北玄欲因成降議故以淇水爲降水耳即如玄引地說黎陽鉅鹿非千里之逕直信都於大陸者也唯屯氏北出館陶事近之矣按地理志云絳水發源屯流下亂章津是乃與章俱得通稱故水流間關所在著自信都復見絳名而東于海尋其川況無他殊瀆而衡漳舊道與屯相亂乃書有過降之地說與千里之誌即之途致與書相鄰河之過降當應此矣下至大陸不異經說自甯迄于鉅鹿出于東北皆爲大陸語之纏絡厥勢眇矣九河旣播八枝代絶遺跡故稱往往時存故鬲般列

於東北徙駭瀆縣漳絳同逆之狀粗分陂障之會
猶在案經考瀆自安故目矣漳水又歷經縣故城
西水有故津謂之薄落津昔袁本初還自易京上
巳届此率其賓從禊飲於斯津矣衡漳又逕沙丘
臺東紂所成也在鉅鹿故城東北七十里趙武靈
王與秦始皇並死於此矣又逕銅馬祠東漢光武
廟更始三年秋光武追銅馬於館陶大破之遂降
之賊不自安世祖令其歸營乃輕騎行其壘賊乃
相謂曰蕭王推赤心置人腹中安得不投死乎遂
將降人分配諸將衆數十萬人故關西號世祖曰
銅馬帝也祠取名焉廟側有碑述河内修武縣張
導字景明以建和三年爲鉅鹿太守漳津汎濫土

不稼穡導披按地圖與丞彭參掾馬道嵩等原其
逆順揆其表裏修防排通正水路功績有成民用
嘉賴題云漳河神壇碑而俗老者儒猶謂斯廟爲
銅馬劉神寺是碑頌因震裂餘半不可復識矣又
逕南宮縣故城西漢惠帝元年以封張越人子買
爲侯國王莽之序中也其水與隅醴通爲衡津又
有長蘆淫水之名絳水之稱矣今漳水既斷絳水
非復纏絡矣又北絳瀆出焉今無水故瀆東南逕
九門城南又東南逕南宮城北又東南逕繚城縣
故城北十三州志曰經縣東五十里有繚城故縣
也左逕安城南故信都之安城鄉也更始二年和
城太守邳彤與上會信都南安城鄉上大悅即此

處也故瀆又東北逕辟陽亭漢高帝六年封審食其爲侯國王莽之樂信也地理風俗記曰廣川西南六十里有辟陽亭故縣也絳瀆又北逕信都城東散入澤渚西至于信都城東連于廣川縣之張甲故瀆同歸于海故地理志曰禹貢絳水在信都東入于海也

又北過堂陽縣西

衡水自堰分爲二水其一水北出逕縣故城西世祖自信都以四千人先攻堂陽降水者也水上有梁謂之旅津渡商旅所濟故也其右水東北注出石門門石崩褫餘基殆在謂之長蘆水蓋變引葭之名也長蘆水更逕堂陽縣故城南應劭曰縣在

堂水之陽穀梁傳曰水北爲陽也今於故縣城南更無别水唯是水東出可以當之斯水蓋包堂水之兼稱矣長蘆水又東逕九門波故縣也又東逕扶都縣故城南世祖建武三十年封寇恂子損爲侯國又東屈北逕信都縣故城西信都郡治也漢高帝六年置帝二年爲廣川惠王越國王莽更爲新傳縣曰新傳亭光武自薊至信都是也明帝永平十五年更名樂成安帝延光中改曰安平城内有漢冀州從事安平趙徵碑又有魏冀州刺史陳留丁紹碑青龍三年立城南有獻帝南巡碑其水側城北注又北逕安陽城東又北逕武陽城東十三州志曰扶柳縣東北有武陽城故縣也又北爲

博廣池池多名蟹佳蝦歲貢王朝以充膳府又北
逕下博縣故城東而北流注于衡水也
又東北過扶柳縣北又東北過信都縣西
扶柳縣故城在信都城西衡水逕其西縣有扶澤
澤中多柳故曰扶柳也衡水又北逕昌城縣故城
西地理志曰信都有昌城縣漢武帝以封城陽頃
王子劉羌爲侯國闞駰曰昌城本名阜城矣應劭
曰堂陽縣北三十里有昌城故縣也世祖之下堂
陽昌城人劉植率宗親子弟據邑以奉世祖是也
又逕西梁縣故城東地理風俗記曰扶柳縣西北
五十里有梁城故縣也世以爲五梁城蓋字狀致
謬耳衡漳又東北逕桃縣故城北漢高祖十二年

封劉襄爲侯國王莽改之曰桓分也合斯洨故瀆
斯洨水首受大白渠大白渠首受綿蔓水綿蔓水
上承桃水水出樂平郡之上艾縣東流世謂之曰
桃水東逕靖陽亭南故關城也及北流至井陘關
下注澤發水亂流東北逕常山蒲吾縣西而桃水
出焉南逕蒲吾縣故城西又東南流逕桑中縣故
城北世謂之石勒城蓋趙氏增成之故擅其目又
謂之高功城也地理志曰侯國也桃水又東南流
逕綿蔓縣故城北王莽之綿延也世祖建武二年
封郭況爲侯國自下通謂之綿蔓水綿蔓水又東
流逕樂陽縣故城西右合井陘山水水出井陘山
世謂之鹿泉水也東北流屈逕陳餘壘而俗謂之

故壁城昔在楚漢韓信東入餘拒之於此不納左車之計悉衆西戰信遣奇兵自間道出立幟於其壘師奔失據遂死泜上其水又屈逕其壘南又南逕城西東注綿蔓水綿蔓水又屈從城南俗名曰臨清城非也地理志曰侯國矣王莽更之曰申苗者也東觀漢書曰光武侯鄧禹發房子兵二千人以銚期爲偏將軍別攻真定宋子餘賊援樂陽稾肥壘者也綿蔓水又東逕烏子堰枝津出焉又東爲之大白渠地理志所謂首受綿蔓者也白渠水又東南逕開縣故城北地理志曰常山之屬縣也又東爲成郎河水上有大梁謂之成郎橋又東逕耿鄉南世祖封前將軍耿純爲侯國世謂之宜安

城又東逕來子縣故城北又謂之宋子河漢高帝八年封許瘛爲侯國王莽更名宜子昔漸離擊筑傳工自此入秦又東逕敬武縣故城北按地理志曰鉅鹿之屬縣也漢元帝封女敬武公主爲湯沐邑闞駰十三州記曰楊氏縣北四十里有武亭故縣也今其城實中小邑耳故俗名之曰敬武壘即古邑也白渠又東謂之斯洨水地理志曰大白渠東至曲陽入洨河者也東分爲二水枝津右出焉東南流謂之百尺溝又東南逕和城北世謂之初丘城非也漢高帝十一年封郎中公孫耳爲侯國又東南逕肓城西漢高帝六年封呂博爲侯國百尺溝東南散流逕歷鄉東而南入泜湖東注衡水

也斯洨水自枝津東逕育城北又東積而爲陂謂之陽縻淵淵水左納白渠枝水俗謂之祇水水承白渠於藁縣之烏子堰又東逕肥纍縣之故城南又東逕陳臺南臺甚寬廣今上陽臺屯居之又東逕新豐城北按地理志云鉅鹿有新市縣侯國也王莽更之曰樂市而無新豐之目所未詳矣其水又東逕昔陽城南世謂之曰直陽城非也本鼓聚矣春秋左傳昭公十五年晉荀吳帥師伐鮮虞圍鼓三月鼓人請降穆子曰猶有食邑不許軍吏曰獲城而弗取勤民而頓兵何以事君穆子曰獲一邑而教民怠將焉用邑邑以賈怠不如完舊賈怠無卒棄舊不祥鼓人能事其君我亦能事吾君率

義不爽好惡不愆城可獲而民知義所有死義而無二心不亦可乎鼓人告食竭力盡而後取之克鼓而返不戮一人以鼓子鳶鞮歸既獻而返之鼓子又叛荀吳略東陽使師僞糴負甲息於門襲而滅之以鼓子鳶鞮歸使涉佗守之者也十三州志曰今其城昔陽亭是矣京相璠曰白狄之別也下曲陽有鼓聚故鼓子國也白渠泜水又東逕曲陽城北又逕安鄉縣故城地理志曰侯國也又東逕育縣入斯洨水斯洨水又東逕西梁城南又東北逕樂信縣城南地理志曰鉅鹿縣侯國也又東入衡水衡水又北爲袁譚渡蓋譚自鄴往還所由故濟得厥名

又東北過下博縣之西

衡水又北逕鄡縣故城東竹書紀年梁惠成王三十年秦封衛鞅于鄡改名曰商即此是也故王莽改曰秦聚也地理風俗記曰縣北有鄡阜蓋縣氏之又右逕下博縣故城西王莽改曰潤博應劭曰太山有博故此加下漢光武自呼沲南出至此失道不知所以遇白衣老父曰信乎爲長安守去此八十里世祖赴之任光開門納爲漢氏中興始基之矣尋求父老不得議者以爲神衡漳又東北歷下博城西逶迤東北注謂之九爭西逕樂鄉縣故城南王莽更之曰樂丘也又東列葭水注也

又東北過阜城縣北又東北至昌亭與雩池河會

經敘阜城於下博之下昌亭之上考地非比於事爲同勃海阜城又在東昌之東故知非也漳水又東北逕武邑郡南魏所置也又東逕武強縣北又東北逕武隧縣故城南按史記秦破趙將扈輒於武隧斬首十萬即於此處也王莽更名桓隧矣白馬河注之水上承雩池東逕樂鄉縣北饒陽縣南又東南逕武邑郡北而東入衡水謂之交津口衡漳又東逕武邑縣故城北王莽之順桓也晉武帝封子於縣以爲王國後分武邑武隧觀津爲武邑郡治此衡漳又東北右合張平口故瀆上承武強淵淵之西南之側水有武強縣故治故淵得其名焉東觀漢記曰光武拜王梁爲大司空以爲侯國

耆宿云邑人有行於途者見一小蛇疑其有靈持而養之名曰擔生長而吞噬人里中患之遂捕繫獄擔生負而奔邑淪爲湖縣長及吏咸爲魚矣今縣治東北半許落水淵水又東南結而爲湖又謂之郎君淵耆宿又言縣淪之日其子東奔又陷於此故淵得郎君之目矣淵水北通謂之石虎口又東北爲張平澤澤水所泛北決堤口謂之張刀溝北注衡河謂之張平口亦曰張平則南注水耗則輟流衡漳又逕東昌縣故城北經所謂昌亭也王莽之田昌也俗名之曰東相蓋相昌聲韻合故致茲誤矣西有昌城故目是城爲東昌矣衡漳又東北左會雩池故瀆謂之合口衡漳又東北分爲二

川當其水決處名之曰李聰淀

又東北至樂成陵縣別出北

衡漳於縣無別出之瀆縣北者乃雩池別水分雩池故瀆之所纏絡也衡漳又東分爲二水左出爲向氏口溝水自始決入也衡漳又東逕方高縣故城北漢景帝封韓信兒子韓隤當爲侯國王莽之樂成亭也衡漳又東北右合柏梁淀水上承李聰淀東北爲柏梁淀東逕扶領縣故城南漢武帝元朔三年封廣川王子劉嘉爲侯國地理風俗記云脩縣西北八十里有蒲領鄉故縣也又東北會桑杜枝津又東北逕弓高城北又東注衡漳謂之柏梁口衡漳又東北右會桑杜溝溝上承從陂世盧

逕從薄亦謂之河摩河東南逕清河西北逕衡水
春秋兩泛澤澤津渚今觀津城北方二十里盡爲
澤藪蓋水所鍾也其瀆逕觀津縣故城北樂毅自
燕降趙封之於此邑號望諸君王莽之朔定亭也
又南屈東逕竇氏青山南側堤東出清山即漢文
帝竇后父少翁冢也即是縣人遭秦之亂魚釣隱
身墜淵死而景帝立后遣使者填以葬父起大墳
於觀津城東南故民號曰青山也又東逕董仲舒
廟南仲舒廣川人也世猶謂之董府君祠春秋禱
祭不輟舊溝又東逕脩市縣故城北漢宣帝本始
四年封清河綱王子劉寅爲侯國王莽更之曰居
寧也俗謂之温城非也地理風俗記曰脩縣西北

二十里有脩市城故縣也又東會從陂水南北
十里東西六十步子午潭漲淵而不流亦謂之桑
社淵從陂南出夾堤東派逕循縣故城北東合清
漳漳泛則北注澤盛則南播津流上下互相逕通
從陂陂北出東北分爲二川北逕弓高城西而北
注柏梁淀一川東逕弓高城南又東北陽津清水
出焉左瀆化入衡漳謂之陽決口衡水東逕阜城
縣故城北樂城縣故城南河間郡治地理志曰故
趙也漢文帝二年別爲國應劭曰在兩河之間也
景帝九年封子德爲河間王是爲獻王王莽更名
郡曰朔定縣曰陸信褚先生曰漢宣帝地節三年
封大將軍霍光兄子山爲侯國也漢章帝封子開

於此漢桓帝追尊祖父孝王開爲孝穆王以其邑
奉山陵故加陵曰樂陵也今城中有故池方八十
步舊引衡水北入城注池池北對層臺基隍荒蕪
示存古意也

又東北過成平縣南

衡章又東逕建成縣故城南按地理志故屬勃海
郡褚先生曰漢昭帝元鳳三年封丞相黃霸爲侯
國也成平縣故城在北漢武帝元朔三年封河間
獻王子劉禮爲侯國王莽之澤亭也城南北相直
衡漳又東右會楊津溝水自枝水東逕阜城南地
理志勃海有阜城縣王莽更名吾成者非經所謂
阜成也建武十五年世祖更封大司馬王梁爲侯

國陽津溝水又東北逕建成縣左入衡水謂之陽
津口衡漳又東左會雩池別河故瀆又東北入清
河謂之合口又逕南皮縣之北皮亭而東北逕浮
陽縣西東北注之

又東北過章武縣西又東北過平舒縣南東入海

清漳自章武縣故城西故濊邑也枝瀆出焉謂之
濊水東北逕參后亭分爲二瀆應劭曰平舒縣西
南五十里有參后亭故縣也世謂之平虜城枝水
又東注謂之蔡伏溝又東積而爲淀一水逕亭北
逕東平舒縣故城南代郡有平舒城故加東地理
志曰勃海之屬縣也魏土地記曰章武郡治故世
以爲章武故城非也又東北分爲二水一右出爲

澱一水北注呼池謂之澱口清漳亂流而東注于
海
清漳水出上黨沾縣西北少山大黽谷南過縣西又
從縣南屈
淮南子曰清漳出揭戾山高誘云山在沾縣今清
漳出沾縣故城東北俗謂之漳山漢分沾縣爲樂
平郡治沾縣水出樂平郡沾縣界故晉太康地記
曰樂平縣舊名清漳縣漢之故矣其山亦曰鹿臺
山水出大要谷南流逕沾縣故城東不歷其西也
又南逕昔陽城左傳昭公十二年晉荀吳僞會齊
師者假道於鮮虞遂入昔陽杜預曰樂平沾縣東
有昔陽城者是也其水又南得梁榆水口水出梁

榆城西大嵰山水有二源北水東南流逕其城東
南注南水南水亦出西山東逕文當城北又東北
逕梁榆城南即閼與故城也秦伐韓閼與惠文王
使趙奢救之奢納許歷之說破秦於閼與謂此也
司馬彪袁松郡國志並言涅縣有閼與聚盧諶征
艱賦曰訪梁榆之虛郭乎閼與之舊平桓亦云閼
與今梁榆城是也漢高帝八年封馮解散爲閼氏
侯國其水右右此北水又東南入于清漳清漳又
東南與轑水相得轑水出轑河縣西北轑山南流
逕轑河縣故城南西東流至粟城注于清漳也
東過涉縣西屈從縣南
按地理志云魏郡之屬縣也漳水於此有涉之稱

於此漢桓帝追尊祖父孝王開爲孝穆王以其邑奉山陵故加陵曰樂陵也今城中有故池方八十步舊引衡水北入城注池池北對層臺基隍荒蕪示存古意也

又東北過成平縣南

衡漳又東逕建成縣故城南按地理志故屬勃海郡褚先生曰漢昭帝元鳳三年封丞相黃霸爲侯國也成平縣故城在北漢武帝元朔三年封河間獻王子劉禮爲侯國王莽之澤亭也城南北相直衡漳又東右會楊津溝水自枝水東逕阜城南地理志勃海有阜城縣王莽更名吾成者非經所謂阜成也建武十五年世祖更封大司馬王梁爲侯

國陽津溝水又東北逕建成縣左入衡水謂之陽津口衡漳又東左會雩池別河故瀆又東北入清河謂之合口又逕南皮縣之北皮亭而東北逕浮陽縣西東北注之

又東北過章武縣西又東北過平舒縣南東入海

清漳自章武縣故城西故濊邑也枝瀆出焉謂之濊水東北逕參后亭分爲二瀆應劭曰平舒縣西南五十里有參后亭故縣也世謂之平虜城枝水又東注謂之蔡伏溝又東積而爲淀一水逕亭北逕東平舒縣故城南代郡有平舒城故加東地理志曰勃海之屬縣也魏土地記曰章武郡治故世以爲章武故城非也又東北分爲二水一右出爲

澱一水北注呼池謂之濊口清漳亂流而東注于
海
清漳水出上黨沾縣西北少山大黽谷南過縣西又
從縣南屈
淮南子曰清漳出揭戾山高誘云山在沾縣今清
漳出沾縣故城東北俗謂之漳山漢分沾縣爲樂
平郡治沾縣水出樂平郡沾縣界故晉太康地記
曰樂平縣舊名清漳縣漢之故矣其山亦曰鹿吉
山水出大要谷南流逕沾縣故城東不歷其西也
又南逕昔陽城左傳昭公十二年晉荀吳僞會齊
師者假道於鮮虞遂入昔陽杜預曰樂平沾縣東
有昔陽城者是也其水又南得梁榆水口水出梁

榆城西大嵰山水有二源北水東南流逕其城東
南注南水南水亦出西山東逕文當城北又東北
逕梁榆城南即閼與故城也秦伐韓閼與惠文王
使趙奢故之奢納許歷之説破秦於閼與謂此也
司馬彪袁松郡國志並言涅縣有閼與聚盧諶征
艱賦曰訪梁榆之虚郭弔閼與之舊平桓亦云閼
與今梁榆城是也漢高帝八年封馮解散爲閼氏
侯國其水右右此北水又東南入于清漳清漳又
東南與轑水相得轑水出轑河縣西北轑山南流
逕轑河縣故城南西東流至粟城注于清漳也
東過涉縣西屈從縣南
按地理志云魏郡之屬縣也漳水於此有涉之稱

名因地變也

東至武安縣南黍窖邑入于濁漳

水經卷第十